KB199503

철학의 근본문제에 관한 10가지 성찰

철학의 근본문제에 관한 10가지 성찰

1판 1쇄 발행 1997년 8월 25일
1판 8쇄 인쇄 2014년 9월 30일
2판 4쇄 발행 2022년 2월 25일
2판 5쇄 발행 2023년 1월 5일

지은이 나이절 워버턴
옮긴이 최희봉
펴낸이 신영임
펴낸곳 도서출판 자작나무

주소 10857 경기도 파주시 오금로 50번길74, 201호
전화 031-947-5160   팩스031-947-5198
등록번호 제406-2007-000050호
등록일자 2007년 9월 10일
이메일 chajaknamu@hanmail.net

ISBN 89-7676-810-8-3100

* 잘못 만들어진 책은 구입하신 곳에서 교환해드립니다.
* 책값은 뒷표지에 표기되어 있습니다.

철학의 근본문제에 관한 10가지 성찰

나이절 워버턴 지음 • 최희봉 옮김

Philosophy : The Basics

자작나무

차 례

옮긴이의 말

이 책은 나이절 워버턴(Nigel Warburton)이 지은 『Philosophy : The Basics』(London : Routledge, 2nd ed. 1995)의 완역판으로, 내가 영국 유학 시절 우연히 들른 버밍햄의 한 서점 — 딜론 서점으로 기억한다 — 에서 구입한 것이다. 이와 거의 때를 같이 해서, 저자 워버턴은 내가 공부하던 노팅햄대학교의 교수로 임용되었다. 그와 직접 자리할 기회는 많지 않았지만, 미학 쪽을 전공으로 공부하는 젊고 왕성한 지적 사유의 소유자라는 느낌을 받았다. 그는 이후 일 년쯤 지나 런던에 있는 개방대학교(open university)로 옮겨갔다. 그의 책은 이렇게 우연한 기회로 나의 관심을 끌게 되었지만, 사실 영국 내에서는 이미 널리 읽히고 있는 책이었다. 그 이유에는 다음과 같이 여러 가지가 있다.

이 책에서 저자는 철학에서 기본이 되는 주제들을 간략한 문체와 쉬운 용어로 요약해 놓았다. 이 책은 현대 철학의 핵심 분야를 대표하는 '신' '도덕성' '정치' '실재하는 세계' '과학' '마음' '예술'이라는 일곱 가지 주제에 대한 철학자들의 논의를 압축적으로 소개하고 있다. 색다른 점은 철학 탐색의 여정을 종교나 도덕과 같은 비교적 친근한 주제로부터 출발함으로써, 인식론이나 존재론과 같은 생소한 주제도 자연스럽게 접할 수 있도록 해준다는 점이다.

이 책은 또한 스타일 면에서도 두드러진다. 저자는 각 주제들을 될 수 있는 한 간략하게 소개하며, 분명하고 평이한 문체를 사용한다. 그리고 본문에 나오는 주요 개념이나 입장에는 반드시 한 문장 길이의 해설 또는 정의가 뒤따른다. 그렇기에 이 책은 철학 사전과 철학 입문서의 중간적 성격을 띤다. 나는 이런 장점을 살려 '찾아보기' 부분을 더욱 보강하였다. 따라서 독자들은 필요에 따라 '목차'와 '찾아보기'를 이용하여 사전을 찾아보듯이 이 책을 활용할 수 있을 것이다.

이렇게 볼 때, 이 책은 여러 계층의 사람들이 여러 용도로 읽을 수 있는 책이다. 일반인들이 교양을 넓히기 위해서 고교생들이 논리적인 사고 및 글쓰기를 위해서 읽어볼 만하며, 또한 학부생들이 교양 또는 전공 리포트를 쓸 때, 대학원생들이 철학의 기초적인 내용을 정리해야 할 필요가 있을 때 큰 도움이 되리라 생각된다.

저자 자신이 쉽고 간결한 글쓰기를 지향하기에 이 취지에 맞게 번역하고자 노력하였지만, 이것이 과연 성공했는지에 대해서는 그다지 자신이 없다. 고치고, 말을 바꾸는 과정에서 이러한 취지가 적지 않게 상실되었다는 느낌이 들기 때문이다. 어떤 사람에게는 쉽게 쓰고자 한 우리 글이 생소하게 또는 더 어려운 듯이 느껴질지 모르겠다. 한자어 축약식의 글 또는 번역투에 익숙한 사람에게는 우리 글의 묘미를 전하는 다양한 부사, 조사 등의 활용이 눈에 거슬릴 수도 있을 것이다. 번역상의 미흡한 점에 대해서는 독자들의 솔직한 충고와 조언을 바랄 뿐이다. 어려운 여건에서 이 책의 출간에 힘써주신 도서출판 자작나무 식구들에게 감사드린다.

1997년 7월

최 희 봉

머리말

철학이란 무엇인가?

이 물음이야말로 난해하기로 악명높은 물음이다. 이에 답하는 한 가지 쉬운 방법은 철학이란 철학자들이 하는 일 전부를 지칭한다고 말하는 것이다. 그리고는 플라톤, 아리스토텔레스, 데카르트, 흄, 칸트, 러셀, 비트겐슈타인, 사르트르 등 유명한 철학자들의 글을 소개하면 된다. 그러나 이런 식의 대답은 이런 저술가들의 글을 전혀 읽어보지 않은 이 분야의 초보자에게는 그다지 쓸모있을 것 같지 않다. 설령 몇몇 글을 읽었다 하더라도 그리고 정말로 그것들 모두가 공유하는 어떤 특징이 있다손 치더라도, 그것들에서 공통된 것이 무엇인지를 알아내기란 여전히 쉽지 않을 것이다.

이 물음에 대한 또다른 접근은 철학이란 '지혜를 사랑하는 자(lover of wisdom)'를 의미하는 그리스어에서 유래되었다고 말하는 것이다. 그러나 이 말은 매우 애매하며, 철학이란 철학자들이 하는 모든 일이라고 말하는 것만도 못하다. 우리에게 필요한 것은 철학이 무엇인지에 대한 몇 가지 아주 일반적인 진술이다.

철학은 활동이다. 특정한 물음들에 대해 사고하는 한 방법이다. 그 가장 뚜렷한 특징은 논리적 논증(logical argument)을 사용한다는 데 있다. 철학자들은 전형적으로 논증을 다룬다. 이들은 논증을 만들어내거나, 다른 이들의 것을 비판하거나 또는 두가지 모두를 한다. 철학자들은 또한 개념들을 분석하고 명료히 한다.

때때로 '철학'이라는 말은 이보다 더 넓은 의미로 쓰이기도 한다. 즉 어떤 이의 전반적 인생관을 의미하거나, 또는 몇몇 형태의 신비주의를 지칭하기도 한다. 나는 이 책에서 '철학'을 이런 넓은 의미로 쓰지는 않겠다.

나의 목적은 고대 그리스에서 시작하여 20세기에 이르기까지 주로 유럽과 미국에서 번성해 온 전통적 사고에 내재하는 몇몇 핵심적 논의를 조명하는 일이다.

이 전통 속에서 일하는 철학자는 어떤 종류의 것들을 논증하는가? 이들은 종종 당대의 사람들 대부분이 당연시하는 신념을 검토한다. 이들은 '삶의 의미'라 불릴 수 있는 것들에 관계한다. 즉 종교, 옳음과 그름, 정치, 외적 세계의 본성, 마음, 과학, 예술 등과 같은 여러 주제들에 관계한다.

예를 들어 대부분의 사람들은 '살인은 그르다'와 같은 근본 신념에 대해 의문을 제기하지 않고 살아간다. 그러나 그것은 왜 그른가? 그것은 모든 상황에서 다 그른가? 어떤 정당성을 갖고서 살인은 그르다고 말하는가? 도대체 '그르다'는 말의 의미는 무엇인가?

이런 것들이 바로 철학적 물음들이다. 우리 신념들 가운데 많은 것들은 검토를 통하여 견고한 기반을 가진 것으로 드러나지만, 몇몇은 그렇지 못하다.

철학의 탐구는 우리의 편견에 대해 명료하게 사고하도록 우리를 도울 뿐만 아니라, 우리가 믿고 있는 것이 정확히 무엇인지를 분명히 하도록 도와준다. 이러는 과정에서 철학은 보다 광범위한 문제들을 정합적으로 논증할 수 있는 능력 — 이것은 유용할 뿐만 아니라 응용가능한 기술이다 — 을 개발시켜 준다.

철학과 그 역사

소크라테스 시대 이래로 많은 위대한 철학자들이 있었다. 이들 가운데 몇몇은 앞서 이름을 들었다. 어떤 철학 입문서는 역사적으로, 즉 이 철학자들의 공헌을 시간적 순서에 따라 검토함으로써 주제에 접근한다. 그러나 이것은 내가 이 책에서 택하는 접근법이 아니다. 오히려 나는 주제별 접근법을 택할 것이다. 즉 역사보다는 개별적인 철학적 물음에 초점을 맞출 것이다.

물론 철학사는 그 나름대로 매력적이고 중요한 주제이며, 또한 많은 고전적 철학서들은 문학적으로도 뛰어난 작품이다. 예를 들어 플라톤의 『소크라테스의 변명』, 르네 데카르트의 『성찰』, 데이비드 흄의 『인간 오성에 관한 탐구』, 프리드리히 니체의 『짜라투스트라는 이렇게 말했다』는 모두 어느 기준에서 보아도 뛰어난 작품으로서 두드러진다.

이렇듯 철학사의 연구는 큰 가치가 있지만, 여기서 나의 목표는 어디까지나 여러분들에게 철학적 문제에 대해 스스로 사유할 수 있는 도구를 제공해 주는 것이다. 어떤 위대한 인물이 그 문제에 대해 어떻게 사유했느냐를 설명해 주기보다는 말이다. 이러한 문제는 그저 철학자들만의 관심사가 아니다. 이것들은 인간의 상황 속에서 자연스럽게 생겨나는 것이며, 철학책을 한번도 펼쳐보지 않은 사람들이라도 저절로 생각해 보게 되는 문제이다.

물론 철학에 대한 진지한 연구라면 마땅히 역사적 연구와 주제별 연구의 혼합 형태를 취할 것이다. 이전의 철학자들이 행한 논증과 실수를 모른다면, 우리는 그 주제에 대한 본질적인 기여를 기대할 수 없기 때문이다. 역사에 관한 크고 작은 지식 없이, 철학자들은 결코 앞으로 나아갈 수 없다. 그들은 계속해서 같은 실수를 반복할 것이며, 이런 실수가 이전에 저질러졌음을 알지도 못할 것이다.

많은 철학자들은 이전의 철학자들이 성취해 놓은 것에서 무엇이 잘못되었는지를 앎으로써 자신들의 이론을 발전시킨다. 그러나 이 작은 책에서 개별적 사상가들의 복잡한 사상을 제대로 자리매김하는 작업은 불가능하다. 각 장의 끝에 제공된 참고도서는 여기서 논의되는 문제를 좀더 넓은 역사적 맥락에서 바라볼 수 있도록 도와줄 것이다.

왜 철학을 공부하는가

   철학자들이 하는 일이라는 것이 그저 앉아서 말의 의미를 놓고 억지쓰는 일이 전부이기에 철학을 공부하는 것은 아무 소용없다는 말을 간혹 듣는다. 정말이지 철학자들은 아무런 중요한 결론에도 도달하지 못하고, 사회에 기여하는 바도 전혀 없는 듯이 보인다. 이들은 고대 그리스인들이 다루었던 것과 똑같은 문제에 대해 아직도 논쟁하고 있다. 철학은 아무 것도 변화시키지 못하는 듯이 보인다. 철학은 그저 모든 것을 있는 그대로 내버려둘 뿐이다.

   철학을 공부하는 것은 도대체 어떤 가치를 가지는가? 우리 삶의 근본 가정에 의문을 제기하기 시작하는 것조차 위험할 수 있다. 너무 많은 의문 때문에 마비되어 아무 것도 할 수 없다는 느낌으로 끝날 수 있기 때문이다. 실제로 철학자라고 하면 옥스포드나 케임브리지 대학교 교수실의 안락의자에 눌러 앉아 아주 추상적인 사고를 능숙히 다루는 사람, 그러나 삶의 실제적인 면을 다루는 데에는 가망없어 보이는 그런 사람의 이미지를 연상시킨다. 헤겔철학의 극히 난삽한 구절을 해설할 수 있으면서도, 계란 하나 삶을 줄 모르는 그런 사람 말이다.

검토되지 않는 삶은 살 가치가 없다

   철학을 공부하는 한 가지 중요한 이유는 그것이 우리 존재의 의미에 관한 근본적 물음을 다룬다는 데 있다. 우리 대부분은 살아가면서 때때로 기본적인 철학적 물음을 스스로에게 묻게 된다. 왜 우리는 여기에 있는가? 신이 존재함을 보이는 증명은 가능한가? 우리의 삶에는 목적이 있는가? 어떤 것을 옳거나 그르게 만드는 것은 무엇인가? 우리가 법을 어기는 것은 과연 정당화될 수 있는가? 우리의 삶은 한낱 꿈에 지나지 않을 수 있는가? 마음은 신체와 다른가, 아니면 우리는 그저 물질에 불과한 존재인가? 과학은 어떻게 진행되는가? 예술이란 무엇인가? 등등.

철학을 공부하는 대부분의 사람들은 우리들 저마다가 이런 물음을 검토하는 것이 중요하다고 믿는다. 심지어 어떤 사람은 검토되지 않는 삶은 살 가치가 없다고도 말한다. 그 기반이 되는 원리를 한 번도 검토하지 않고 틀에 박힌 삶을 지속하는 것은 마치 한 번도 정비된 적이 없는 차를 운전하고 다니는 것과 같다. 당신이 브레이크나 운전대, 엔진을 신뢰하는 것은 어쩌면 정당할지 모른다. 이것들이 지금까지 늘 잘 작동되었다는 근거에서 말이다. 그러나 이러한 당신의 신뢰가 전혀 정당화되지 못할 수도 있다. 브레이크 패드가 결정적인 순간에 잘못되어 낭패를 볼 수도 있기 때문이다. 마찬가지로 당신의 삶이 바탕으로 삼고 있는 원리는 전적으로 타당할지도 모른다. 그러나 당신이 그것들을 검토하기 전까지는 확신할 수 없다.

설령 당신이 당신의 삶이 바탕으로 삼고 있는 가정의 타당성을 심각하게 의심하지 않는다고 하더라도, 당신은 여전히 당신의 사고력을 십분 발휘하지 않음으로써 당신 삶을 메마르게 만들고 있는지도 모른다. 또한 많은 사람들은 스스로에게 그러한 근본적인 물음을 묻는 일이 너무 힘들고 혼란을 준다고 느낄지도 모른다. 이들은 자신들의 편견에 만족하고 편안해 할 수도 있다. 그러나 그렇지 않은 사람들도 많다. 이들은 오히려 철학적 물음에 도전하여 대답을 찾고자 하는 강한 욕구를 가지고 있다.

사고를 폭넓고 명료하게 한다

철학을 공부하는 또 다른 이유는 그것이 폭넓은 문제에 대해 더욱더 명료히 생각하는 법을 배우는 좋은 방법을 제공하기 때문이다. 철학적 사고의 방법은 수많은 상황에서 유용할 수 있다. 어떤 입장을 지지하거나 반대하는 논증을 분석함으로써 우리는 삶의 다른 영역에도 적용될 수 있는 기술을 습득하기 때문이다.

철학을 공부하는 많은 사람들은 자신들의 철학적 기술을 법, 컴퓨터 프로그래밍, 경영 자문, 공공 업무, 잡지출판과 같은 다양한 일에 응용하며, 이 모든 영역에서 사고의 명료성은 크나큰 강점이 된다. 철학자들은 또한 인간 존재의 본질에 관해 얻은 통찰력을 문예 쪽에 사용한다. 사실 많은 철학자들이 소설가, 비평가, 시인, 영화 제작자 및 극작가로서 성공했다.

철학은 그 나름의 즐거움을 준다

철학 공부를 위한 또 다른 정당화는 많은 사람들에게 철학이 큰 즐거움을 주는 활동일 수 있다는 점이다. 그러나 이런 식의 철학 옹호에 대해 한 가지 지적해야 할 것이 있다. 이러한 옹호는 철학 활동을 글자 맞추기 퍼즐을 푸는 일과 다름없는 것으로 만들어버릴 위험성이 있다. 때때로 몇몇 철학자들의 접근은 이와 매우 흡사하게 보이기도 한다. 어떤 전문 철학자들은 난해한 논리적 수수께끼를 푸는 일 자체를 목적으로 삼아 여기에 몰입하며, 소수만이 아는 전문지에 기고한다. 또 다른 극단으로서, 대학에서 일하는 어떤 철학자들은 자신들의 일을 '사업'의 일부로 간주하여, 종종 시원찮은 글을 출판해댄다. 단지 자리를 유지하고 승진하기 위해서 말이다(논문 출판의 양이 승진을 결정하는 요인이다). 이들은 인쇄된 자신들의 이름을 봄으로써 그리고 봉급의 증가와 승진에 따르는 명성에서 기쁨을 느낀다. 그러나 다행히도 많은 철학이 이런 수준을 넘어서 있다.

철학은 어려운가

철학은 어려운 과목이라고 자주 말한다. 실제로 철학과 관련된 다양한 종류의 어려움이 있는데, 그 중 몇몇은 피할 수 있는 것들이다.

먼저 전문 철학자들이 다루는 많은 문제들이 아주 높은 수준의 추상적 사고를 요구한다는 것은 사실이다. 그러나 이는 거의 모든 지적 탐구 분야에 대해서도 마찬가지이다. 이런 점에서 철학은 물리학, 문학 비평, 컴퓨터 프로그래밍, 지질학, 수학 또는 역사학과 다를 바 없다. 이런 저런 탐구 영역과 마찬가지로 일반인들이 철학적 주제에 중대한 독창적 기여를 하기가 어렵다고 해서, 그들이 철학에서 이루어진 발전에 관한 지식을 가질 수 없다고 말한다거나, 또는 그 발전을 낳은 기본적 방법들을 배우는 것이 불가능하다고 말할 수는 없을 것이다.

철학과 관련하여 우리가 피할 수 있는 두번째 종류의 어려움이 있다. 철학자들이라고 모두 훌륭한 문장가는 아니며, 이들 중 많은 이들이 자신들의 생각을 전달하는 데 매우 서툴다는 것이다. 때때로 이런 이유에서 그들은 아주 소수의 전문가 독자들과 접하는 일에서만 재미를 느낀다. 그들은 불필요하게 난삽한, 익숙치 못한 사람들에게 혼동만 일으키는 전문용어를 사용한다. 물론 전문용어는 특정한 개념을 매번 설명해야 하는 불편을 없애주기에 유용할 수 있다. 그러나 전문 철학자들 사이에는 그들만의 이익을 위해 전문용어를 사용하는 불행한 경향도 있다. 이들 중 많은 사람들은 완벽하게 훌륭한 영어식 표현이 있음에도 불구하고 굳이 라틴 어구를 사용한다(역주 : 이런 현상은 우리 나라에서도 전혀 다를 바 없다. 훌륭한 우리 말 표현이 있음에도 불구하고 필요 이상으로 한자 어구를 사용하는 경향이 그것이다). 생소한 용어들과 친숙하긴 하나 생소한 방식으로 사용된 용어들로 뒤섞인 글은 독자를 겁먹게 할 수 있다. 어떤 철학자들은 스스로 만들어낸 용어로 말하거나 쓰기도 하는데, 이는 철학을 실제보다 훨씬 더 어려운 과목으로 만든다.

이 책에서 나는 불필요한 전문용어를 피하려고 애썼으며, 할 수 있는 한 모든 생소한 용어들에 설명을 달았다. 이러한 접근은 독자들에게 기초적인 철학 어휘를 알게 함으로써, 각 장 말미의 도서 목록에 추천한 더욱 어려운 철학 저서를 이해하기 쉽게 해줄 것이다.

철학이 할 수 있는 일은 어디까지인가

어떤 철학도들은 철학에 대해 엉뚱하게 높은 기대를 가진다. 그들은 철학이 인간의 처지에 관한 완벽하고 상세한 그림을 제공해 주리라 기대한다. 그들은 철학이 삶의 의미를 드러내 주고, 우리의 복잡한 실존의 모든 단면을 설명해 주리라 생각한다.

그렇지만 비록 철학 공부가 우리 삶에 관한 근본 문제를 조명해 줄 수는 있을지라도, 그것이 완벽한 그림과 같은 것을(설령 그런 것이 진정 가능하다 하더라도) 제공해 주지는 못한다. 철학 공부가 예술, 문학, 역사, 심리학, 인류학, 사회학, 정치학 및 과학 공부의 대안은 되지 못한다. 이들 서로 다른 분야들은 인간 삶의 서로 다른 측면에 집중하며 서로 다른 종류의 통찰을 낳는다.

삶의 어떤 측면은 철학적 분석을 허용하지 않을 것이며, 이런 것들은 아마도 다른 어떤 종류의 분석 역시 허용하지 않을 것이다. 따라서 철학에 너무 많은 것을 기대하지 않는 것이 중요하다.

이 책을 어떻게 이용할 것인가

나는 앞에서 철학이란 하나의 활동임을 강조했다. 그렇기에 이 책을 단지 수동적으로 읽기만 해서는 안 된다. 여기서 사용된 논증을 아주 외워버릴 수도 있겠지만, 그것만으로는 철학하는 법을 배울 수 없다. 그렇게 하는 것이 철학자들이 많이 사용하는 기초적인 논증에 대한 확고한 지식은 제공해 줄 수 있을지라도 말이다. 이 책의 가장 이상적인 독서는 사용된 논증들에 끊임없이 의문을 던지고 반대 논증들을 고려하며 비판적으로 읽는 것이다. 이 책은 사고를 자극하기 위해 쓰였지 사고를 대신하기 위해 쓰인 것이 아니다. 당신이 이 책을 비판적으로 읽는다면, 당신은 분명히 당신이 동의하지 않는 많은 것들을 찾아낼 것이며, 그러는 동안에 당신 자신의 신념을 명료히 하게 될 것이다.

비록 모든 장을 이전에 철학을 공부한 적이 없는 사람들도 접근가능하도록 만들고자 노력하였지만, 몇몇 장은 다른 것들에 비해 특히 어렵다. 대부분의 사람들은 적어도 신이 존재하는지 그렇지 않은지에 관한 물음에 부딪친 적이 있었을 것이며, 쌍방의 논증을 고찰해 본 적도 있을 것이다. 그렇기에 신에 관한 장은 비교적 이해하기 쉬울 것이다. 그러나 다른 한편으로 철학 비전공자들은 외적 세계 및 마음에 관한 장들과, 옳음과 그름에 관한 장의 다소 추상적인 절들의 몇몇 주제들에 관해 거의 생각해 보지 못했을 것이다. 이런 장들은(특히 마음에 관한 장은) 읽는 데 시간이 좀더 걸릴지 모르겠다. 내가 추천하는 것은 먼저 각 장들을 대충 훑어본 뒤, 당신이 흥미롭게 여기는 특정 절들을 읽는 방법이다. 한절 한절 차례대로 읽다가 어떻게 서로 다른 논증이 서로 관련되는가를 파악하지 못하고, 세부 내용 속에 빠져들어가 버리기보다는 말이다.

이 책에 포함시킬 수도 있지만 그렇게 하지 못한 한 가지 주제가 있다. 논리학이 그것이다. 이것을 생략한 이유는 이것이 매우 기술적인 분야라서 이 책의 분량과 구성으로는 만족스럽게 다루어질 수 없기 때문이다.

이 책은 학생들이 강의시간에 배운 것을 정리하는 데 유용할 것이며, 리포트를 쓰는 데도 도움을 줄 것이다. 결국 이 책은 저마다의 주제에 대한 주요한 철학적 접근과 이것들에 대한 다양한 비판을 요약한 것이기 때문이다. 이런 것들은 리포트의 내용으로 쉽게 써먹을 수 있는 것들이다.

더 읽을 책들

나는 의도적으로 더 읽을 책들의 목록을 짧게 만들었다. 철학을 처음 시작하는 사람들에게 내가 진심으로 권할 수 있는 것들만을 포함시켰기 때문이다.

메기의 『위대한 철학자들』(Bryan Magee, *The Great Philosophers*,

Oxford : Oxford University Press, 1987)은 철학사를 위한 좋은 입문서이다. 이 책은 오늘날의 여러 철학자들이 지난날의 위대한 철학자들에 대해 서로 대화를 나눈 내용으로 이루어져 있으며, 같은 제목 으로 제작된 BBC 텔레비전 시리즈에 기초하고 있다. 프리스트의 『영국 경험론자들』(Stephen Priest, *The British Empiricists*, London : Penguin, 1990)은 17세기에서 20세기 중반에 이르기까지의 중요한 영국 철학자들 몇몇의 견해를 매우 명료하게 요약해 놓은 책이다. 스크러튼의 『현대 철학 소사』(Roger Scruton, *A Short History of Modern Philosophy*, London : Routledge, 1989)는 데카르트에서 비트겐슈타인에 이르는 주요 철학자들에 대한 짤막한 개설서이다.

플류가 편집한 『철학 사전』(Antony Flew, ed., *A Dictionary of Philosophy*, London : Pan, 1979)은 참고하는 데 도움이 된다. 레이시의 『철학 사전』(A. R. Lacey, *A Dictionary of Philosophy*, London : Routledge, 1976)도 마찬가지이다.

철학자들이 사용하는 논증의 방법에 관심있는 사람들을 위해 이와 관련된 다수의 책들이 있다. 내가 쓴 『생각하기 : A에서 Z까지』(*Thinking from A to Z*, London : Routledge, 1996), 웨스턴의 『논증을 위한 규정집』(Anthony Weston, *A Rulebook for Arguments*, Indianapolis : Hackett, 2nd edn, 1992), 피셔의 『참다운 논증의 논리』(Alec Fisher, *The Logic of Real Arguments*,

Cambridge : Cambridge University Press, 1988)가 이런 책들에 포함된다. 절판되었지만 도서관에서 구해 볼 수 있는 두 권의 책이 더 있는데, 플류의 『생각하기에 대해 생각하기』(Antony Flew, *Thinking about Thinking*, London : Fontana, 1975)와 툴리스의 『바른 생각하기와 굽은 생각하기』(Robert H. Thouless, *Straight and Crooked Thinking*, London : Pan, 1974)가 그것이다.

'분명하게 글쓰기'와 이것이 왜 중요한지를 다룬 책으로는, 오웰의 글 「정치학과 영어」(George Orwell, 'Politics and the English Language', in *The Penguin Essays of George Orwell*, London : Penguin, 1990)가 아주 읽을 만하다. 이 분야에서 실제적인 도움을 줄 수 있는 책으로는 가워의 『완벽한 알기 쉬운 낱말들』(Ernest Gower, *The Complete Plain Words*, London : Penguin, 1962; 원래 공무원들의 좀더 효과적인 의사소통을 돕기 위해 쓰인 책) 그리고 개방 대학 출판물인 『알기 쉬운 영어』 (Milton Keynes, *Plain English*, Open University Press, 2nd edn, 1992) 두 권이 있는데 모두 다 훌륭하다.

1. 신은 존재하는가

　신은 존재하는가? 이것은 우리들 대부분이 살아가면서 언젠가는 한번쯤 스스로에게 묻게 되는 근본 물음이다. 이에 대해 우리들 저마다가 갖는 대답은 우리가 행동하는 방식뿐만 아니라 세계를 이해하고 해석하는 방식 및 우리가 미래에 대해 기대하는 것에도 또한 영향을 미친다. 만일 신이 존재한다면 인간의 존재는 목적을 가질 것이며, 우리는 영원한 삶을 기대할 수도 있다. 만일 그렇지 않다면 우리는 삶의 의미를 스스로 창조해야만 할 것이다. 그 어떤 의미도 밖으로부터 주어지지 못할 것이며, 아마도 죽음이 마지막일 것이다.

　철학자들이 종교에 관심을 돌릴 때 그들은 전형적으로 신의 존재를 지지하는 또는 반대하는 다양한 논증들을 검토한다. 그들은 증거들의 무게를 재고 논증들의 구조와 함축들을 세밀히 살펴본다. 그들은 또한 신앙이나 신념 따위의 개념들을 검토한다. 사람들이 신에 대해 이야기하는 방식들이 과연 타당한지 알아보기 위해서이다.

　대부분의 종교철학에서 출발점이 되는 것은 신의 본성에 관한 매우 일반적 교설, 즉 유신론(Theism)이라 알려져 있는 교설이다. 이것은 하나의 신이 존재하며, 이 신은 전능하고(모든 것을 할 수 있고), 전지하며(모든 것을 알며), 지선하다(가장 선하다)는 견해이다. 이러한 견해는 대부분의 기독교, 유태교, 이슬람교 등이 받아들이고 있다. 여기서 나는 신에 관한 기독교적 견해에 초점을 맞출 것이다. 물론 여기 나오는 대부분의 논증은 다른 유신론 종교들에도 동등하게 적용될 것이며 어떤 것은 모든 종교에 적용될 수 있다.

　유신론자들이 이런 식으로 묘사하는 신이 실제로 존재하는가? 우리는 그가 존재한다는 것을 입증할 수 있는가? 신의 존재를 입증하기 위해 의도된 많은 다양한 논증들이 있다. 나는 이 장에서 이것들 가운데 가장 중요한 것들을 살펴보겠다.

설계자로서의 신이 존재한다

    신의 존재를 뒷받침하는 논증으로 가장 빈번히 사용되는 것 가운데 하나가 디자인 논증(Design Argument)으로, 목적론적 논증(Teleological Argument, '목적'을 뜻하는 그리스어 '텔로스 telos'에서 유래함)이라고 알려져 있기도 하다. 이 논증에 따르면, 만일 우리가 자연계를 살펴본다면 우리는 그 안의 모든 것이 자연이 수행하는 기능과 얼마나 잘 맞는지 깨닫지 않을 수 없다는 것이다. 즉 누군가가 디자인했다는 증거를 모든 사물이 보여주고 있다는 것이다. 예를 들어 만일 우리가 인간의 눈을 살펴본다면, 우리는 그것의 미세한 부분들이 모두 서로 나무나도 잘 짜맞추어져 있다는 사실에 감탄하게 된다. 저마다의 부분들이 자신들에게 맡겨진 일, 즉 보는 일을 수행하는 데 훌륭하게 맞추어져 있는 것이다.

윌리엄 페일리(William Paley, 1743~1805) 같은 디자인 논증의 지지자들은 눈과 같은 자연적 사물들의 복잡성과 효용성이 바로 이것들을 신이 디자인했음에 틀림없다는 것을 보여주는 증거라고 주장한다. 달리 어떻게 그것들이 현재의 그 모습으로 있을 수 있겠는가? 마치 시계를 살펴봄으로써 그것을 시계제작자가 디자인했다는 것을 알 수 있는 것과 꼭 마찬가지로, 우리는 눈을 잘 살펴봄으로써 어떤 신성한 제작자(Devine Watchmaker)가 그것을 디자인했음을 알 수 있다는 것이 그들의 논증이다. 이런 상황은 마치 신이 자신이 만든 모든 사물들에다 상표를 붙여놓은 것과도 같다.

이것은 결과로부터 그 원인을 추론하는 논증이다. 즉 우리는 결과(시계 또는 눈)를 관찰하며, 이것의 검토로부터 이것의 원인(시계제작자 또는 신성한 제작자)을 알아내고자 시도한다. 이것은 시계와 같은 디자인된 사물은 어떤 면에서 눈과 같은 자연적 사물과 매우 유사하다는 생각에 의존한다. 이런 종류의 논증, 즉 두 가지 사물들 사이의 유사성에 기초한 논증을 유비 논증(argument from analogy)이라고 한다. 유비 논증은 만일 두 개의 사물이 몇 가지 측면에서 유사하다면, 이것들은 다른 측면들에서도 유사할 공산이 매우 클 것이라는 원리에 의존한다.

디자인 논증을 받아들이는 사람들은 특히 자연계—나무, 절벽, 동물, 별 또는 무엇이든—를 살펴보면, 우리에게 신의 존재를 확인시켜주는 더 많은 증거를 발견할 수 있다고 말한다. 이런 사물들은 시계보다 훨씬 더 정교하게 만들어져 있기에, 그 신성한 제작자는 인간인 시계제작자보다 그만큼 더 이지적임에 틀림없다. 정말이지 이 신성한 제작자는 아주 힘있고 재주있음에 틀림없기에, 이것이 바로 전통적으로 유신론자들이 이해했던 신일 것이라고 가정하는 데에는 일리가 있는 듯하다.

그러나 이 디자인 논증을 반박하는 강력한 논증들이 있으며, 이것들 중 대부분은 철학자 데이비드 흄(David Hume, 1711~1776)의 유작인 『자연 종교에 관한 대화』와 『인간 오성에 관한 탐구』 11절에서 제기되었다.

비판 1. 유비가 약하다

바로 앞에서 제시된 논증을 겨냥한 반박 가운데 하나는 그것이 약한 유비에 의존하고 있다는 것이다. 즉 그것은 자연적 대상들과 우리가 그것이 디자인되었다는 것을 이미 알고 있는 대상들 사이에 중요한 유사성이 있다는 것을 당연시하고 있다. 그러나 이것이 정말 그러한지는 분명하지 않다. 같은 예를 다시들자면, 인간의 눈이 정말로 시계와 중요한 점에서 유사한지는 그렇게 분명하지 않다.

유비 논증은 비교되는 두 사물들 사이에 강한 유사성이 있다는 점에 의존한다. 만일 이 유사성이 약하다면, 비교에 기초해서 나온 결론도 따라서 약해질 것이다. 예를 들어 손목 시계와 주머니 시계는 그 유사성이 충분하기에 우리는 시계제작자가 이것들을 디자인했다고 가정할 수 있다. 그러나 비록 시계와 눈 사이에 다소의 유사성이 있기는 할지라도 ─ 이것들은 둘 다 정교하고 자신들의 고유한 기능을 잘 수행한다—그 유사성은 그저 애매할 뿐이며, 따라서 그 정도의 유비에 기초한 그 어떤 결론도 마찬가지로 애매할 것이다.

비판 2. 진화론으로도 설명할 수 있다

신성한 제작자의 존재만이 동물들과 식물들이 자신들의 기능에 잘 적응되어 있는지를 설명해 주는 유일한 대안은 아니다. 특히 찰스 다윈(Charles Darwin, 1809~1882)이 『종의 기원』(1859)에서 제시한 자연 선택에 의한 진화론은 이런 현상에 대해 널리 수용되고 있는 대안적 설명이다. 다윈은 적자생존의 과정을 통해서 어떻게 동물들과 식물들이 자신들의 환경에 적응하고 또한 살아남아 자신들의 유전자를 자손들에게 넘겨주는지를 잘 설명해 준다. 이 과정은 신의 개념을 도입하지 않고도 동식물계에서 발견되는 환경에 대한 기막힌 적응이 어떻게 이루어질 수 있었는지를 설명해 준다.

물론 다윈의 진화론이 신의 존재를 반증하는 것은 결코 아니다—사실은 많은 기독교인들 역시 이 이론을 식물, 동물 그리고 인간들이 어떻게 지금의 상태로 되었는지를 밝혀주는 최선의 설명으로 인정한다. 이들이 믿는 것은 오히려 신이 진화의 메커니즘 자체를 창조했다는 것이다. 그러나 다윈의 이론은 디자인 논증의 위력을 약화시키기는 한다. 왜냐하면 이 이론은 동일한 결과들을 그 원인으로서의 신을 언급하지 않고 설명하기 때문이다. 생물학적 적응의 메커니즘에 관한 이런 이론의 존재는 디자인 논증이 신의 존재에 관한 결정적 입증은 아님을 보여준다.

비판 3. 신다운 신이 못 된다

설령 지금까지 언급된 반대들에도 불구하고 여전히 디자인 논증이 확신을 준다고 믿는다손 치더라도, 결코 간과해서는 안 될 것이 있다. 즉 그 논증이 신은 유일 · 전지 · 전능 · 지선한 존재라는 사실을 입증하지는 못한다는 것이다. 그 논증을 정밀히 검토해 보면 그것이 여러 면에서 한계가 있음을 알 수 있다.

첫째로 그 논증은 일신교(mono-theism, 오직 하나의 신만이 존재한다는 견해)를 뒷받침하는 데는 완전히 실패했다. 설령 세계와 그 안의 모든 것이 한결같이 '디자인되었음'의 증거를 분명히 보여준다는 명제를 받아들인다고 하더라도, 그 모든 것을 반드시 하나의 신이 디자인했다고 믿어야 할 이유는 없다. 한 무리의 수준 낮은 신들이 협동하여 그것을 디자인했을 수는 없는가? 사실이지 고층빌딩, 피라미드, 우주 로켓 등과 같은 많은 대규모의 복잡한 인공 구조물들은 여러 개인이 모인 집단이 만들어냈다. 그렇다면 우리가 이 유비를 가지고 논리적인 결론을 이끌어낸다면 우리는 분명 한 무리의 신들이 협동작업을 통해 세계를 디자인했다고 믿어야 할 것이다.

둘째로 이 논증은 그 디자이너(또는 디자이너들)가 전능하다는 견해를 반드시 지지하는 것은 아니다. 우주는 많은 '디자인 결함'을 가지고 있다고 주장할 수도 있기 때문이다. 예를 들어 인간의 눈은 근시가 되기 쉬우며 늙어서는 백내장에 걸리기 쉬운

데 이것을 최선의 세계를 창조하고자 한 전능한 창조자의 작품으로 보기는 힘들다.

이러한 관찰들로 인해 몇몇 사람들은 우주의 디자이너가 전능하기는커녕 비교적 약한 신 또는 신들, 아니면 자신의 힘을 실험하는 젊은 신이라고 믿을 수도 있다. 아마도 그 디자이너는 우주를 창조한 직후에 죽었을지도, 그리하여 우주는 혼자 남아 쇠퇴하게 되었을지도 모른다. 이렇게 디자인 논증은 이러한 결론들을 뒷받침하는 많은 증거를 제공하며, 그 증거들의 양은 적어도 일신교적 신의 존재를 지지하는 그것에 버금간다. 따라서 디자인 논증만으로는 어떤 다른 유형의 신 또는 신들 말고 꼭 일신교의 신이 존재한다는 것을 입증할 수 없다.

마지막으로 그 디자이너가 과연 전지하고 지선한지의 문제가 남아 있다. 많은 사람들은 세상에 어느 정도 악이 존재한다는 사실이 앞의 주장에 역행한다고 생각한다. 이러한 악은 인간의 잔인함, 살인 및 고문에서부터 자연재해와 질병으로 생기는 고통에 이르기까지 매우 광범위하다.

만일 디자인 논증이 제안하는 바에 따라 신의 작품이라는 증거를 보기 위해 주위를 살펴본다면, 많은 사람들은 자신들이 보는 것이 인자하신 창조주의 결과라는 것을 받아들이기 어렵다는 사실을 깨달을 것이다. 전지한 신이라면 악이 존재한다는 것을 알 것이다. 전능한 신이라면 악이 발생하는 것을 막을 수 있을 것이다. 그리고 지선한 신이라면 그것이 존재하기를 바라지 않을 것이다. 그런데 악은 계속해서 발생한다.

이러한 유신론적 신의 믿음에 대한 심각한 도전은 철학자들에 의해 많이 논의되었는데, 이것을 악의 문제(the Problem of Evil)라고 부른다. 나중에 우리는 이것을 해결하려는 몇몇 시도들과 함께 이것을 좀더 자세히 검토할 것이다. 여기에서는 적어도 악의 문제가, 디자인 논증은 지극히 선한 신의 존재를 증명하는 결정적 증거를 제공한다는 주장에 대한 우리의 신뢰를 약화시킨다는 것을 지적하는 정도에서 그칠 것이다.

이 논의에서 보았듯이 디자인 논증은 우리에게 기껏해야 매우 제한된 결론, 즉 어떤 것 또는 어떤 사람이 세계와 그 안의 모든 것을 디자인했다는 결론만을 제공할 뿐이다. 이 결론 너머로 나아가는 것은 그 논증으로부터 논리적으로 귀결될 수 있는 한계를 벗어나는 것이다.

제1원인으로서 신이 존재한다

디자인 논증은 세계에 대한 직접 관찰에 의존한다. 이러한 것을 철학자들은 경험적 논증이라고 부른다. 이와 달리 우주론적 논증(Cosmological Argument)이라고도 불리는 제1원인 논증(First Cause Argument)은 우주가 어떤 모양으로 있느냐와 관련된 모든 개별적 사실들에 의존하는 것이 아니라, 우주가 존재한다고 하는 단 하나의 경험적 사실에만 의존한다.

제1원인 논증은 절대적으로 모든 것은 그에 앞서는 다른 어떤 것으로부터 생겨났다고 주장한다. 즉 그 어느 것도 원인 없이 그저 불쑥 생겨나지는 않았다는 것이다. 우리는 우주가 존재한다는 것을 알기 때문에, 원인과 결과의 연쇄 전체가 우주를 현재와 같이 있게 만들었다고 안전하게 가정할 수 있다. 만일 이 연결된 고리들을 거슬러 올라간다면, 우리는 최초의 원인,

즉 맨 첫번째 원인을 발견할 것이다. 이 첫번째 원인이 바로 신이라고 제1원인 논증은 말한다.

그러나 디자인 논증에서와 마찬가지로 이 논증에 대한 비판도 여러 가지이다.

비판 1. 신의 원인은 무엇인가

제1원인 논증은 모든 사물이 각각 다른 어떤 것을 원인으로 갖는다는 가정에서부터 출발하는데, 그렇다면 이 논증은 신이 맨 첫번째 원인이라고 말함으로써 이 가정에 모순된다. 이 논증이 내세우는 두 가지 논제는 원인을 갖지 않는 원인은 있을 수 없다는 것과 오직 하나의 '원인을 갖지 않는 원인', 즉 신이 있다는 것이다. 이것은 '그렇다면 신의 원인은 무엇인가?'라는 의문을 자연스럽게 불러일으킨다.

제1원인 논증을 확신하는 사람들은 이렇게 반박할지 모른다. 즉 자신들이 뜻하는 바는 모든 것이 원인을 가진다는 것이 아니라, 바로 신을 제외한 모든 것이 원인을 가진다는 것이라고. 그러나 이렇다고 해서 더 나아지지는 않는다. 만일 원인과 결과의 연속된 고리가 어떤 지점에서 멈추어져야 한다면, 왜 하필이면 신에서 멈추는가? 왜 이런 퇴행의 더 이른 단계, 즉 우주의 생겨남 자체에서 멈춰서는 안 되는가?

비판 2. 왜 무한 퇴행은 안 되는가

제1원인 논증은 원인과 결과가 영원히 뒤로 거슬러 올라갈 수는 없다고 가정한다. 시간을 거슬러 올라가는 결코 끝나지 않는 연속, 즉 무한 퇴행(infinite regress)은 없다는 것이다. 다시 말해서 이 논증은 모든 다른 사물들을 생기게 한 제1원인이 있다는 것을 가정한다. 그런데 정말 그래야만 하는가?

만일 우리가 미래에 대해 유사한 논증을 사용한다면, 우리는 어떤 마지막 결과, 즉 그 뒤로는 그 어느 것의 원인도 되지 않을 결과가 있을 것이라고 가정할 것이다. 그러나 미래로 무한하게 진행하는 원인과 결과를 생각하는 것은 비록 쉽지는 않겠지만 가능해 보인다. 마치 가장 큰 수로 여겨지는 그 어느 수에든지 언제나 하나를 더 더할 수 있기 때문에 가장 큰 수란 없듯이 말이다.

이러한 무한급수가 가능하다면, 왜 원인과 결과도 과거로 무한히 퇴행해서는 안 되는가?

비판 3. 신다운 신이 못 된다

설령 문제의 논증에 대한 이러한 두 가지 비판들이 극복될 수 있다손 치더라도, 이 논증은 그 제1원인이 유신론자들이 말하는 바로 그 신이라는 것을 입증하지는 못한다. 디자인 논증에서와 마찬가지로 제1원인 논증으로부터 귀결되는 것에는 심각한 한계들이 있다.

먼저 제1원인이 매우 능력이 있다는 것은 사실이다. 우리가 알고 있는 이 우주 전체를 만들어낸 원인과 결과의 연속들을 창조하고 진행시키기 위해서는 말이다. 그러므로 이 논증이 전능까지는 아닐지라도 매우 강력한 신의 존재를 밝혀준다고 주장하는 데 어느 정도 정당성이 있을 수 있다.

그러나 이 논증은 전지하거나 최고선인 신에 대해서는 그 어떤 증거도 제시하지 못한다. 이 두 가지 속성 중 그 어느 것도 제1원인에게는 요구되지 않을 것이다. 그리고 디자인 논증에서처럼 제1원인 논증의 옹호자에게도 어떻게 전능하고 전지하고 최고선인 신이 이 세상에 존재하는 일정량의 악을 허용할 수 있는지의 문제는 여전히 남는다.

신은 정의상 필연적으로 존재한다

존재론적 논증(Ontological Argument)은 신의 존재를 지지하는 앞의 두 가지 논증들과 아주 다르다. 이 논증은 증거에 전혀 의존하지 않기 때문이다.

앞서 살펴보았듯이 디자인 논증은 세계와 그 안의 사물들, 유기체들에 관한 증거에 의존한다. 제1원인 논증은 요구되는 증거가 더 적다―그렇다고 전무한 것은 아니고 어떤 것이 존재한다는 관찰에만 의존할 뿐이다.

그런데 존재론적 논증은 신의 존재는 '신은 최고 존재(the supreme being)이다' 라는 정의로부터 필연적으로 귀결된다는 것을 보이려는 시도이다. 이런 결론은 경험에 앞서서 도출될 수 있기에, 이 논증은 아프리오리 논증(a priori argument, 선천적 논증)으로 알려져 있다.

존재론적 논증에 따르면 신은 상상가능한 가장 완전한 존재, 또는 이 논증의 가장 유명한 형태인 성 안셀무스(St. Anselmus, 1033~1109)의 표현을 빌면, '그 어떤 것도 이보다 더 위대하다고 생각될 수 없는 그러한 존재'로 정의된다. 이러한 완전함 또는 위대함의 여러 측면들 가운데 하나가 바로 '존재'인 것이다. 완전한 것(a perfect being)은 그것이 존재하지 않는다면 완전하지 못할 것이다. 결국 신의 정의로부터 신은 필연적으로 존재한다는 것이 귀결된다는 것이다. 마치 삼각형의 정의로부터 그것의 내각의 합은 180도이다라는 결론을 이끌어낼 수 있듯이 말이다.

르네 데카르트(René Descartes, 1596~1650, 『성찰』 다섯번째 참고)를 포함한 여러 철학자들이 이런 논증을 사용했는데, 신의 존재에 대해 아주 소수의 사람들만을 확신시켰을 뿐이다. 그렇지만 문제는 이 논증에서 무엇이 잘못되었는지를 정확히 지적하기가 쉽지 않다는 것이다.

비판 1. 상상 속의 완전한 섬도 존재하는가

존재론적 논증에 대한 한가지 공통된 비판은 이것이 모든 종류의 사물들을 존재하는 것으로 정의하는 것을 허용하는 것 같다는 것이다. 예를 들어, 우리는 완벽한 해변과 완벽한 야생동물 등을 갖춘 완전한 섬을 쉽게 상상할 수 있다. 그렇지만 이것으로부터 이 완전한 섬이 어딘가에 현실로 존재한다는 결론은 뒤따르지 않는다. 존재론적 논증은 이러한 어처구니 없는 결론을 정당화하는 듯이 보이므로 쉽게 나쁜 논증인 것으로 드러날 수 있다 ─ 논증들을 다룰 때에 사용되는 이런 수법, 즉 어떤 특정한 견해를 유지할 때 이로부터 엉뚱한 결론들이 뒤따르게 됨을 보이는 방법은 귀류법(*reductio ad absurdum*) 또는 말 그대로 '엉뚱한 결론에 빠뜨림(reduction to the absurd)'으로 알려져 있다. 따라서 이 존재론적 논증은 그 구조가 타당하지 않거나 아니면 그것의 초기 가정들 중 하나가 거짓임에 틀림없다. 그렇지 않다면 그토록 명백하게 엉뚱한 결과들을 초래할 리 없을 것이기 때문이다.

존재론적 논증의 옹호자는 아마도 이런 반대에 대해 이렇게 선뜻 답할 것이다. 비록 우리가 '완전한 섬'을 '존재'로 정의내릴 수 있다고 생각하는 것은 분명 엉뚱할지라도 신의 정의로부터 '신은 필연적으로 존재한다'를 이끌어내는 것은 엉뚱하지 않다고 말이다.

그 이유는 완전한 섬 또는 완전한 자동차, 완전한 나날 따위는 그저 사물들의 특정 종류들 가운데서 완전한 종류의 예들에 불과하기 때문이다. 반면에 신의 경우는 특별하다. 신은 어떤 종류 가운데 하나의 완전한 예가 아니라, 모든 사물들 가운데서 가장 완전한 것이기 때문이다.

그렇지만 설령 이런 믿기 어려운 논증이 받아들여진다 하더라도, 이 논증의 옹호자라면 모두 직면해야 할 또다른 비판이 있다. 이 비판은 임마누엘 칸트(Immanuel Kant, 1724~1804)에 의해 최초로 이루어졌다.

비판 2. 존재는 속성이 아니다

총각은 미혼의 남자로 정의될 수 있다. 미혼임은 총각을 본질적으로 한정하는 속성이다. 그런데 만일 내가 '총각들이 존재한다'고 말한다면, 나는 총각들에 대해 추가적인 속성을 부여하고 있는 것이 아닐 것이다. 존재는 미혼이라는 속성과 똑같은 종류의 것이 아니다. 아무개 총각이 존재하든 안 하든 총각이라는 개념에는 변함이 없는 반면에, 어떤 사람이 미혼이기 위해서는 그 누구든 먼저 존재해야만 한다.

마찬가지의 생각을 존재론적 논증에 적용시킨다면, 이 논증이 저지르고 있는 실수는 신의 존재를 마치 또 하나의 속성인 것처럼, 즉 전지함이나 전능함의 속성처럼 다룬다는 데 있다는 것을 우리는 알 수 있다. 그러나 신은 존재함이 없이 전지하거나 전능할 수 없다. 따라서 신에 대해 정의하는 것 자체만으로 우리는 이미 그(또는 그녀)가 존재한다는 것을 전제하는 것이 된다. 존재를 완전한 존재의 본질적 속성들의 목록에 포함시키는 것은 존재를 어떤 것이 어떤 속성을 가지는 것의 전제조건으로서라기보다는 그저 속성으로 간주하는 실수를 범하는 것이다.

그러나 유니콘과 같은 허구적 존재에 대해서는 어떠한가? 우리는 분명 유니콘이 현실로 존재해야 한다고 생각할 필요 없이도 이것의 속성들에 대해, 가령 하나의 뿔과 네 개의 다리를 가졌다고 이야기할 수 있다. '유니콘은 하나의 뿔을 가진다'와 같은 문장이 정말로 의미하는 바는 '만일 유니콘이 존재한다면, 이들은 하나의 뿔을 가질 것이다'라는 것이다. 즉, '유니콘은 하나의 뿔을 가진다'는 실제로는 가언 언명(hypothetical state-ment)인 것이다.

그러므로 유니콘의 비존재는 '존재는 속성이 아니다'라는 견해에 아무런 문제를 일으키지 않는다.

비판 3. 악의 존재

설령 존재론적 논증이 받아들여진다손 치더라도 여전히 그것의 결론 가운데 적어도 한 가지 측면은 거짓임을 보여주는 많은 증거가 있다. 악의 현존은 신이 지선하다는 생각에 상충되는 것 같다. 이런 비판에 대한 가능한 대답들은 악의 문제를 다루는 장에서 살펴볼 것이다.

신은 존재하지 않는가

우리가 지금까지 고찰한 신의 존재를 위한 논증들은 모두 당대에는 입증(proofs)으로서 제시되었다. 입증이란 일정한 지식을 낳는 논증이다. 법정에서 어떤 사람에게 유죄선고를 내릴 충분한 증거가 있을 때 우리는 그의 유죄에 대한 '입증'이라고 말한다. 만일 우리가 입증을 가진다면, 우리는 그가 유죄임을 안다. 즉 충분한 입증이 없다면, 우리는 그저 그가 유죄일 것이라고 믿을 뿐이다.

이런 맥락에서 지식(knowledge)이란 일종의 참인 정당화된 신념(true, justified belief)이라고 정의할 수 있다. 만일 우리가 '신이 존재한다'는 지식을 가진다면, 신이 실제로 존재한다는 것이 참이어야 할 것이다. 그러나 신이 존재한다는 우리의 신념은 또한 정당화되어야 한다. 즉 그 신념은 올바른 증거에 기초하고 있어야 할 것이다.

참이면서도 정당화되지 않는 신념들을 가지는 것은 가능하다. 가령 나는 오늘 신문이라고 믿었던 것에 쓰여 있는 것을 보고 오늘이 화요일이라고 믿을 수 있다. 그런데 실제로 내가 본 것은 오래 전의 신문이었고, 공교롭게도 그 신문이 화요일자 신문이었다. 비록 나는 오늘이 화요일이라고 믿을지라도(그리고 실제로 오늘은 화요일이다) 나는 그 신념을 신뢰할 만한 방식으로 얻은 것이 아니다. 내가 지난 목요일자 신문을 집어들었을 수도 있으며, 그리하여 쉽사리 오늘이 목요일이라고 믿었을 수도 있기 때문이다. 그러므로 나는 실수로 내가 지식을 가졌다고 생각할 수는 있어도 정말로 지식을 가진 것은 못 된다.

우리가 지금까지 검토했던 신의 존재에 대한 모든 논증들은 많은 반대에 부딪혔다. 이 반대들이 타당한지 아닌지는 여러분들이 결정할 문제이다. 확실한 것은 그러한 반대들은 앞의 논증들이 신의 존재에 대한 입증들로 간주될 수 있는지 없는지에 대해 회의를 일으키게 한다는 것이다. 그런데 혹시 우리는 신이 존재하지 않는다는 것에 대한 지식을—이런 유형의 참인 정당화된 신념을—가질 수는 없을까? 즉, 유신론자들이 기술하는 그런 신의 존재를 결정적으로 반증하는 어떤 논증이 없을까?

선한 신의 존재를 부정하는 적어도 한 가지의 매우 강력한 논증이 있다(이것을 나는 이미 디자인 논증, 제1원인 논증 및 존재론적 논증에 대한 한 가지 비판으로서 언급한 바 있다). 그것은 소위 악의 문제라고 하는 것이다.

2. 악은 왜 존재하는가

　이 세상에는 악이 존재한다. 이것은 장난이 아니고는 부정될 수 없다. 유태인 대학살, 캄보디아에서 폴 포트의 대학살, 또는 널리 자행되는 고문을 생각해 보라. 이것들은 도덕적 악(moral evil) 또는 잔혹행위의―여러 이유에서 인간이 다른 인간을 고통스럽게 하는 행위의―적나라한 예들이다. 잔혹행위는 또한 동물에게도 자주 자행된다. 한편으로 또다른 종류의 악, 즉 자연적 악(natural evil) 또는 형이상학적 악으로 알려진 악이 있다. 지진, 질병 및 기근이 그 예이다.

　자연적 악은 비록 이것이 인간의 무능이나 부주의로 인해 악화될 수는 있을지라도 기본적으로는 자연적 원인들을 가진다. '악' 이란 말은 인간에게 고통을 주는 자연현상을 기술하는 최적의 단어가 못 될지도 모른다. 왜냐하면 이 말은 대개 의도적인 잔혹행위를 지칭하는 데 쓰이기 때문이다. 그렇지만 우리가 그것에다 '자연적 악' 이라는 이름을 붙이든 아니면 다른 이름을 붙이든, 질병이나 자연적 재난과 같은 것들의 존재는 분명 고려 대상이 되어야 한다. 우리가 인자하신 신에 대한 믿음을 유지하려면 말이다.

　그토록 많은 악의 존재를 볼 때, 그 누가 지극히 선한 신의 존재를 진지하게 믿겠는가? 전지한 신은 악이 존재한다는 것을 알 것이다. 전능한 신은 그것의 발생을 막을 수 있을 것이다. 그리고 지선한 신은 그것의 존재를 원하지 않을 것이다. 그러나 악은 계속해서 발생한다. 이것이 악의 문제이다. 즉 어떻게 신에게 부여되는 앞의 속성들이 악의 부인할 수 없는 현존과 양립할 수 있는지를 설명해야 한다. 이것은 유신론의 신에 대한 믿음을 향한 가장 심각한 도전이다. 악의 문제는 많은 사람들로 하여금 신에 대한 신앙을 아주 거부하거나 아니면 적어도 신의 인자함, 전능함 또는 전지함에 대해 다시 생각하게 만들었다.

　유신론자들은 이 악의 문제에 대해 다양한 해결책을 제시했는데, 이것들 중 세 가지를 여기서 살펴볼 것이다.

악은 더 커다란 선을 낳는다

어떤 사람들은 비록 악이 이 세상에 현존한다는 사실이 분명 좋은 일은 아닐지라도, 이러한 악의 현존이 결국 더 큰 도덕적 선을 낳으므로 정당화된다는 논리를 폈다. 예를 들어 빈곤이나 질병이 없다면, 궁핍한 사람들을 돕는 테레사 수녀와 같은 이의 위대한 도덕적 선은 불가능했을 것이다. 전쟁, 고문 및 잔혹행위가 없었다면 그 어떤 성자나 영웅도 나타나지 못했을 것이다. 악은 이렇듯 '인간 고통에 대한 승리'라고 하는 더 큰 선을 가능하게 해준다. 그러나 이러한 해결은 적어도 두 가지 반대에 부딪친다.

첫째로 고통의 정도와 범위가 성자들이나 영웅들이 위대한 도덕적 선을 수행하는 데 필요한 만큼보다 훨씬 더 크다는 사실이다. 앞의 논증을 사용하여 나치 정치범 수용소에서 일어난 수

백만 명의 끔찍한 죽음을 정당화하기는 매우 힘들다. 게다가 이런 고통의 대부분은 알려지거나 기록되지 않은 채 진행되기 때문에 이런 식의 설명은 불합리하다. 어느 정도의 고통스러운 상황에서 도덕적 향상이 가능한 소수의 사람이 있다는 것은 사실이다. 그러나 극단적 고통의 경우 이러한 도덕적 향상이 발생하기란 거의 불가능할 것이다.

둘째로 이러한 논리에 따르면 커다란 악이 존재하는 세상이 작은 악이 존재하는, 그 결과 적은 수의 성자들과 영웅들이 있는 세상보다 더 선호할 만할 것이다. 그러나 이것이 정말 그런지는 명백하지 않다. 예를 들어 불치의 병으로 죽어가는 어린아이가 있다고 하자. 사람들은 이 아이의 고통을 지켜봄으로써 도덕적으로 향상될 수 있을 것이다. 그렇지만 이것에 기초하여 그 아이의 고통을 정당화하려는 시도에는 꺼림칙한 요소가 있다. 지선한 신이 우리의 도덕적 발전을 돕기 위해 정말로 그러한 방법을 쓰겠는가?

악은 전체적인 조화에 기여한다

어떤 사람들은 세상과 예술 작품 사이에 유비가 있다고 주장했다. 음악에서는 전체적인 조화(음악적 효과)를 위해 대개 (나중에 가서 해소되는) 불협화음을 포함한다. 그림은 통상적으로 밝은 색의 면과 더불어 넓은 면적의 어두운 색으로 표현된다. 유사한 방식으로 논증을 진행시키면, 악은 세상의 전체적인 조화 또는 아름다움에 기여한다는 것이다. 이런 견해 역시 적어도 두 가지 반대에 부딪친다.

첫째, 한마디로 이런 견해는 믿기 어렵다. 예를 들어 어떻게 솜강의 전투(the battle of the Somme)에서 접전 지역의 철조망에 몸을 걸친 채 고통 속에 죽어가던 병사가 세상의 전체적인 조화에 기여하고 있었다고 말할 수 있는지 이해하기 힘들다. 만일 예술 작품과의 유비가 진정으로 왜 신이 그토록 많은 악을 허용하는가에 대한 설명이라면, 이것은 다음을 인정하는 것과 다름없다. 즉 악을 이해하는 것은 인간 이해능력 너머에 있기에 악은 결코 만족스럽게 설명될 수 없다는 것이다. 오직 신의 관점에서만 그 조화가 관찰될 수 있고 제대로 평가될 수 있을 것이다. 만일 이것이 유신론자들이 신은 최고선이라고 말할 때 의미하는 바라면, 이것은 우리의 일상적 사용과 매우 다른 의미의 '선'이 될 것이다.

둘째로, 단순히 미적인 목적을 위해 ─ 우리가 예술 작품을 감상하는 것과 같은 방식으로 감상하기 위해 ─ 그러한 고통을 허용하는 신은 유신론자들이 설명하는 지선한 신이 아니라 오히려 사디스트(sadist)처럼 보인다. 만일 이것이 고통을 상연하는 연극이라면, 이것은 신을 정신 병자에, 즉 폭발과 피에 의해 창조되는 아름다운 패턴을 찬미하기 위해 군중 한가운데에 폭탄을 던지는 정신병자에 더 가깝게 만든다. 많은 사람들에게 예술 작품과 세상 사이의 이러한 유비는 신의 인자함을 증명하기보다는 그것을 부정하는 논증으로서 더 성공적이라고 여겨질 것이다.

악은 자유의지의 결과이다

    현재까지 악의 문제 해결을 위한 가장 중요한 시도는 바로 자유의지(Free Will) 옹호론이다. 이것은 신이 인간에게 자유의지를, 즉 우리 스스로 무엇을 행할지에 대해 선택할 능력을 부여했다는 주장이다. 만일 우리가 자유의지를 가지고 있지 않다면 우리는 스스로 선택권이 없는 로봇 또는 기계 인형과 같을 것이다. 자유의지 옹호론을 수용하는 사람들의 주장은 우리가 악을 행할 가능성이 있는 것은 자유의지를 가지고 있기 때문에 생기는 필연적인 결과라는 것이다. 그렇지 않다면 그런 것은 진정한 자유의지가 아닐 것이기 때문이다. 그들은 자유의지가 있는 세상이, 따라서 때때로 악을 결과하는 세상이 인간 행위가 미리 결정되어 있는 세상보다, 즉 오직 선한 행위만을 하도록 프로그램된 로봇과 같은 사람들의 세상보다 더 낫다고 말한다. 사실이지 만일 우리가 이런 방식으로 미리 프로그램되어 있다면, 우리는 우리의 행위를 도덕적으로 선하다고 말할 수조차 없을 것이다. 도덕적 선은 우리가 행위에 대한 선택권을 갖고 있을 때 가능하기 때문이다. 이러한 해결책에도 역시 다수의 반대들이 있다.

비판 1. 두 가지 기본 가정에 의존한다

자유의지 옹호론의 주요 가정은 자유의지와 악의 가능성이 있는 세상은 결코 악한 행위를 하지 않는 로봇과 같은 사람들의 세상보다 낫다는 것이다. 그러나 이것이 명백하게 그러한가? 고통은 때로는 아주 끔찍할 수도 있다. 이런 경우에 선택권이 주어진 많은 사 람들은 그러한 고통을 겪기보다는 오직 옳은 일만 행하도록 프로그램되는 것을 더 좋아할 것임은 의심할 여지가 없다. 심지어 이러한 미리 프로그램된 존재들은 자신들이 사실은 자유의지를 가지지 않았을지라도 그것을 가졌다고 믿도록 그렇게 만들어졌을 수도 있을 것이다. 그들은 그들이 자유롭다고 생각함으로써 얻는 모든 이익들과 더불어 그 해악은 전혀 없는 자유의지의 환상을 가졌을 수도 있다.

이것은 자유의지 옹호론의 두번째 가정을 시사해 준다. 우리는 자유의지의 환상을 가진 것이 아니라 실제로 자유의지를 가지고 있다는 것이 그것이다. 그러나 어떤 심리학자들은 한 개인이 행하는 모든 결정이나 선택을 설명할 수 있다고 믿는다. 그 개인이 겪어온 초창기의 조건화(conditioning)들을 참조함으로써 말이다. 그러므로 비록 그 개인은 자유롭다고 느낄지 모르지만 그 또는 그녀의 행위는 사실상 과거에 발생했던 것들에 의해 전적으로 결정되어 있다는 것이다. 우리는 이 견해가 사실과 다르다고 단정지을 수 없다.

그러나 자유의지 옹호론에 유리한 점으로서 지적되어야 할 것이 있다. 대부분의 철학자들은 인간 존재는 어떤 의미에서 참으로 자유의지를 가진다고 믿으며, 자유의지는 일반적으로 인간이기 위한 필수조건이라고 믿는다는 사실이 그것이다.

비판 2. 악 없는 자유의지가 더 바람직하다

신이 전능하다면, 그의 권능으로 자유의지는 있으면서 악은 존재하지 않는 세상을 창조하는 것도 아마 가능할 것이다. 사실상 이러한 세계를 상상하기는 그리 어렵지 않다. 비록 자유의지를 가짐으로써 우리에게 언제나 악을 저지를 가능성이 있을지라도, 이것이 꼭 현실화되어야 할 이유는 없다. 모든 사람이 자유의지를 가지면서도 언제나 악한 행위를 멀리하는 쪽으로 선택하는 것이 논리적으로 가능하기 때문이다.

자유의지론을 받아들이는 사람들은 아마도 이런 상태는 진정한 자유의지가 아닐 것이라고 답할지 모른다. 이 문제는 여전히 논쟁에 열려 있다.

비판 3. 신이 개입할 수도 있다

유신론자들은 전형적으로 신은 일차적으로 기적을 행함으로써 이 세상에 개입할 수 있고 또한 개입한다고 믿는다. 만일 신이 때때로 개입한다면, 왜 그는 성흔(그리스도의 손에 생긴 못자국 같은 것이 다른 사람들의 손에 생기는 것)이나 물을 포도주로 바꾸는 것 같은 (비신앙인이 보기에) 하찮은 '재주'만을 피우는가? 왜 신은 유태인 대학살이나 제2차 세계 대전 또는 에이즈를 막는 일에 개입하지 않았는가?

또 다시 유신론자들은 신이 개입한다면 우리는 진정한 자유의지를 가지지 못할 것이라고 답할 수 있다. 그러나 이것은 유신론적 신앙의 한 가지 요소, 즉 신성의 개입이 때때로 일어난다는 신념을 포기하는 것이 될 것이다.

비판 4. 자연적 악을 설명하지 못한다

자유의지 옹호론에 대한 주요한 비판 중 하나는 이것이 기껏해야 도덕적 악의 존재, 즉 인간에 의해 초래된 악의 존재만을 정당화할 수 있다는 것이다. 자유의지를 가진 것과 지진, 질병, 화산 폭발 등과 같은 자연적 악의 존재 사이에 관련을 찾기란 힘들다. 혹시 어떤 사람이 아담과 이브가 신의 신뢰를 저버린 행위가 이 세상에 온갖 종류의 악을 초래했다고 하는 타락설 (doctrine of the Fall)을 받아들이지 않는 한은 말이다. 타락설은 세상의 모든 형태의 악들을 인간의 책임으로 돌린다. 그러나 이러한 이론은 오직 유태-기독교적 신의 존재를 이미 믿는 사람에게만 받아들여질 것이다.

자연적 악에 대한 더 그럴 듯한 설명들이 있는데, 그 가운데 하나가 자연법칙의 규칙성이 가져다주는 전체적인 이로움이 자연이 일으키는 간헐적인 재해를 능가한다는 것이다.

자연에 규칙성이 없다면 우리 세계는 한낱 혼돈일 것이며, 우리 행위의 결과를 예측할 길이 없을 것이다. 예를 들어 만일 우리가 축구공을 찰 때 어떤 때는 이것이 우리 발을 떠나 날라가고, 어떤 때는 그냥 발에 붙어 있다면, 우리는 공을 찰 때마다 어떤 일이 일어날지에 대해 예측하기가 매우 힘들 것이다. 세상사에서 규칙성의 결여는 삶 자체를 불가능하게 만들지도 모른다. 일상 생활과 마찬가지로 과학은 자연에 상당한 정도의 규칙성이 있다는, 즉 유사한 원인들이 유사한 결과들을 낳는 경향이 있다는 신념에 의존한다.

때때로 제기되는 주장은 이러한 규칙성이 우리에게 대체로 유익하기에 자연적 악은 정당화된다는 것이다. 자연적 악이란 단지 규칙적으로 지속해서 작용하는 자연법칙들의 부적절한 부작용에 불과하다는 것이다. 이러한 규칙성의 전체적인 이로운 결과들은 해로운 결과들을 능가하게 되어 있다는 것이다. 그러나 이러한 논증 역시 적어도 두 가지 점에서 취약하다.

첫째, 이 논증은 왜 전능한 신이 자연적 악을 전혀 낳지 않는 자연법칙을 창조할 수 없었는지를 설명하지 못한다. 이에 대한 가능한 대응은 신조차도 자연법칙에 구속된다고 말하는 것이다. 그러나 이것은 신이 사실은 전능하지 못하다고 인정하는 것과 같다.

둘째, 이 논증은 여전히 왜 신이 좀더 자주 개입하여 기적을 행하지 못하는지 설명하지 못한다. 만일 신은 결코 개입하지 않는다고 답한다면, 이는 신에 대한 유신론적 신앙의 주요한 요소를 포기하는 것이다.

기적은 신의 존재를 증명하는가

　악의 문제와 이에 대해 시도된 해결들을 논의하면서 나는 유신론자들이 대체로 믿는 것은 신이 기적을 행해 왔다는 것임을 언급했다. 기독교의 전통에서 이런 기적들은 부활, 오천 명을 배불리 먹임, 라자루스를 죽음에서 되살려냄 등등을 포함한다. 이것들 모두가 그리스도가 행했던 기적들이지만, 현재에도 기적은 일어나고 있다는 것이 기독교 및 다른 종교들의 주장이다. 이제 우리는 기적이 일어났다는 주장이 신의 존재에 대한 신념을 지지하는 충분한 증거가 될 수 있는지에 대해 고찰할 것이다.

　기적은 사태의 정상 진행에 대한 기존 자연법칙의 위배를 포함하는 신의 개입이라고 정의될 수 있다. 자연법칙은 사물들이 움직이는 방식에 대한 일반화이다. 예를 들어 무게를 가진 것은 놓으면 땅에 떨어진다, 아무도 죽은 후에는 되살아나지 않는다등이 그것이다. 이런 자연법칙들은 수많은 관찰에 기초해 있다.

무엇보다 기적은 단순히 비상(非常)한 발생들과는 구별되어야 한다. 어떤 이가 높은 다리에서 뛰어내려 자살하고자 했는데 바람의 여건 및 낙하산처럼 작용한 그의 옷 등등의 요인들이 기이하게 조합됨으로써 그는 그 추락에서 살아남을 수 있었다. 이런 일이 극히 희귀한 일이고 심지어 신문에서 그것을 '기적'이라고 묘사할지라도, 그것은 여기서 내가 사용하는 의미의 기적은 아니다. 우리는 어떻게 이 사람이 생존했는지에 대한 만족할 만한 과학적 설명을 제공할 수 있을 것이기 때문이다. 그것은 그저 비상한 사건일 뿐 기적은 아니다. 왜냐하면 그 어느 자연법칙에도 어긋나지 않았고, 우리가 알 수 있는 한 그 어느 신성의 개입도 없었기 때문이다. 그러나 만일 그가 다리에서 뛰어내렸는데 신비하게도 강의 수면에서 튀어올라 다리로 되돌아왔다면, 이것은 정말로 기적일 것이다.

대부분의 종교들은 신이 기적들을 행사해 왔으며, 이러한 보고된 기적들은 신이 존재한다는 사실의 확인으로 간주되어야 한다고 주장한다. 그러나 이러한 보고된 기적들에 근거해서 신의 존재를 믿는 것에 반대하는 강한 논증들이 있다.

『인간 오성에 관한 탐구』10절에서 데이비드 흄은 이러한 논제를 제시했다. 즉 합리적 인간이라면 기적이 실제로 일어났다는 소문을—이 소문이 기적을 전한 사람이 실수했음을 알리는 더 큰 기적이 아닌 한(역주 : 기적을 전한 사람이 실수했다고 인정하는 일은 극히 드물기에)—결코 믿어서는 안 된다는 것이다. 기적이 일어나는 일은 거의 있음직하지 않다. 우리는 언제나 덜 기적적인 것을 믿는다는 방침을 세워야 한다. 이러한 글귀에서 흄은 의도적으로 '기적'의 의미를 가지고 장난하고 있다. 앞서 보았듯이, 엄밀한 의미에서 기적이란 신이 원인인 것으로 추정되는 자연법칙의 위반이다. 그러나 흄이 우리는 무엇이든 덜 기적적인 것을 믿어야 한다고 선언할 때, 그는 '기적'이라는 말을 일상적 의미로 사용하고 있다. 즉 단순히 '정상을 벗어난 어떤 것'이란 뜻으로 사용한다.

비록 그는 기적이 원칙적으로는 발생할 수도 있다는 것을 인정할지라도, 신에 대한 믿음을 받쳐줄 만큼 충분히 신뢰할 수 있는 기적에 대한 소문은 결코 없었다고 생각했다. 그는 이런 자신의 견해를 지지하기 위해 몇가지 강력한 논증들을 사용했다.

비판 1. 기적은 언제나 있음직하지 않다

무엇보다도 흄은 우리가 가진 증거, 즉 모든 개개의 자연법칙이 가지는 증거를 분석했다. 어떤 것이 — 예를 들어 어느 누구도 죽음에서 되살아나지 못한다는 명제 — 자연법칙으로 받아들여지기 위해서는 그것을 확증하는 가능한 최대의 증거가 있어야만 한다.

현명한 사람이라면 언제나 자신이 믿는 바를 접근가능한 증거의 기초 위에 둘 것이다. 그리고 기적에 관한 소문의 경우에는 그것이 발생했다는 것보다는 그렇지 않았다는 것을 제안하는 증거가 언제나 더 많을 것이다. 이것이 바로 '잘 확립된 자연법칙의 위배'를 함축하는 기적에 대한 실상이다. 그러므로 이 논증을 사용하면, 현명한 사람은 언제나 기적이 일어났다는 소문을 단호히 거부해야 한다. 어떤 사람이 죽은 뒤에 살아나는 일은 논리적으로 언제나 가능하지만, 이런 일이 결코 발생하지 않았다는 견해를 지지하는 많은 양의 증거가 있다. 그러므로 비록 부활이 일어날 가능성을 절대적으로 배제할 수는 없을지라도, 흄에 따르면 우리는 그것을 믿기를 강력히 거부해야 한다.

흄은 이러한 결론을 더 설득력 있게 하기 위해 몇가지 추가적인 논증을 제시했다.

비판 2. 우리는 기적을 믿으려는 심리가 있다

심리적 요인들로 인해 사람들은 기적의 발생에 관해서 스스로를 속이거나 심지어 실제로 사기를 친다. 예를 들어 놀라움과 경탄이 기분좋은 느낌이라는 것은 잘 관찰된 사실이다. 우리는 거의 있음직하지 않은 일들을—가령 UFO의 출현은 화성에 지성을 갖춘 생명체의 존재를 입증한다, 유령 이야기들은 사후세계의 가능성을 보여준다 등등—믿으려는 경향이 강하다. 그러한 희한한 신념들을 즐기는 데서 경험하는 즐거움 때문이다. 마찬가지로 우리는 기적의 소문을 믿으려는 경향이 있다. 내심으로 또는 다른 어떤 마음에서 그러한 소문이 참이기를 바라기 때문이다.

또한 당신이 기적을 목격하도록 선택되었다고, 즉 당신이 일종의 예언자라고 생각하는 것은 매우 매력적인 일이다. 많은 사람들이 기적을 목격했다고 주장하는 사람들에 대해 다른 사람들이 승인하는 것을 보며 즐기기도 한다. 이러한 것이 사람들로 하여금 단순히 비상한 사건들을 신을 현시하는 기적들로 해석하도록 만든다. 이런 것들로 인해 사람들은 심지어 기적적인 사건들에 대한 이야기를 날조하기까지 하는 것이다.

비판 3. 여러 종교의 신들을 인정하게 된다

모든 주요 종교들이 기적을 주장한다. 이런 종교들이 저마다 주장하는 기적들이 정말로 일어났음을 보여주는 유사한 종류의 증거가 비슷하게 존재한다. 결과적으로 기적에 기초한 논증은 (만일 이것이 신뢰할 만하다면) 저마다의 종교가 내세우는 서로 다른 신들의 존재를 입증할 것이다. 그러나 이런 서로 다른 신들이 모두 존재할 수 없음은 분명하다. 즉 기독교의 유일신과 동시에 힌두교의 다신들이 모두 존재한다는 주장은 참일 수 없다. 그러므로 여러 종교들이 주장하는 기적들은 어떤 특정한 신 또는 신들의 존재에 대한 입증이 되기에 결국 서로를 상쇄시켜버린다.

이런 요인들이 조합되기 때문에 합리적인 사람들은 언제나 기적이 발생했다는 소문을 믿기 싫어하게 된다. 자연적 설명이 (설령 다소 부족하다 해도) 기적에 기초한 설명보다 적절할 확률이 언제나 더 크다. 기적에 대한 보고가 결코 신의 존재에 대한 입증이 될 수 없음은 확실하다.

이러한 논증들은 기적에 관한 다른 사람들의 이야기에만 한

정되지 않는다. 만일 우리 자신이 기적을 목격했다고 생각할 만한 드문 입장에 처한다 해도, 이 논증들의 대부분이 마찬가지로 적용된다. 우리 모두는 한번쯤 꿈이나 사태를 잘못 기억하는 경우, 실제로 있지도 않은 것을 보았다고 생각하는 경우들을 경험해 왔다. 우리가 기적을 목격했다고 믿는 경우가 있더라도, 사실은 기적이 실제로 일어났다기보다는 우리의 감각이 우리를 속였을 확률이 훨씬 더 크다. 그렇지 않다 해도 아마 우리는 그저 비상한 어떤 것을 목격한 것에 불과할 수 있으며, 또한 앞서 언급한 심리적 요인들로 인해 그것을 기적이라고 생각했을 수 있다.

물론 자신이 기적을 목격했다고 생각하는 사람은 누구든 이런 경험을 매우 심각하게 받아들이며, 또한 그렇게 하는 것은 옳을지도 모른다. 그러나 이런 것들에 대해 실수하기가 매우 쉽기에 그러한 경험이 신의 존재에 대한 결정적인 입증으로 간주되어서는 결코 안 될 것이다.

도박사의 논증 : 파스칼의 내기

　우리가 지금껏 검토한 신 존재에 대한 찬·반 논증들은 모두 신이 존재하느냐 안 하느냐의 입증을 목표로 삼았다. 이것들은 모두 신의 존재 또는 비존재에 대한 지식 제공을 목적으로 했다. 철학자이며 수학자인 파스칼(Blaise Pascal, 1623~1662)의 저술에서 처음 제기된 도박사의 논증(Gambler's Argument)은 — 이것은 보통 '파스칼의 내기'(Pascal's Wager)로 알려져 있는데 — 이런 것들과 전혀 다르다. 이것의 목적은 입증이 아니라 분별있는 도박사라면 신이 존재한다는 쪽에 '내기를 걸라'는 충고를 받아들일 것이라는 논지를 밝혀 보인 것이다.

　이 논증은 불가지론자의, 즉 신이 존재하는지 안 하는지를 결정할 충분한 증거가 없다고 믿는 사람의 입장에서 출발한다. 불가지론자는 신이 존재할 진정한 가능성이 있지만, 확실하게 이 문제를 결정할 만한 증거가 불충분하다고 믿는다. 이와 달리 무신론자는 전형적으로 신이 존재하지 않는다고 하는 결정적인 증거가 있다고 믿는다.

도박사의 논증은 다음과 같이 진행된다. 우리는 신이 있는지 없는지 알지 못하기에 경주를 앞둔 도박사와 똑같은 입장에 있다. 그렇다면 우리는 승산을 따져봐야 한다. 그러나 불가지론자에게 신이 존재할 확률은 존재하지 않을 확률과 똑같아 보일 것이다. 이러한 불가지론자의 행동노선은 어느 쪽도 선택하지 않고 결정을 회피하는 것이다. 그러나 도박사의 논증이 주장하는 바는 가장 합리적인 일이란 가능한 한 큰 상금을 탈 기회를 가지는 것, 그러면서 잃을 기회를 가능한 한 적게 하는 것을 목표로 한다. 달리 말하면, 우리는 이길 가능성을 최대화하고 질 가능성을 최소화해야 한다. 도박사의 논증에 따르면, 이렇게 하기 위한 최선의 길은 신의 존재를 믿는 것이다.

네 가지 가능한 결과들이 있다. 만일 우리가 신의 존재에 내기를 걸고 그리고 이긴다면(즉 신이 존재한다면), 우리는 영생을—커다란 상금을—얻을 것이다. 우리가 그쪽에 걸었는데 나중에 신이 존재하지 않는다고 밝혀진다 해도 우리가 잃는 것은 그리 크지 않다. 영생의 가능성에 비하면 말이다. 기껏해야 세속적인 쾌락을 포기한 것, 많은 시간을 기도하면서 허비한 것, 환상 속에서 생활한 것 정도의 손해이다. 반면에 만일 우리가 신이 존재하지 않는다는 쪽에 내기를 건다면 그리고 우리가 이긴다면(즉 신이 존재하지 않는다면), 우리는 세상을 환상 없이 살고, 신의 처벌에 대한 두려움 없이 이 세상의 쾌락을 자유로이 누리는 것이 전부이다. 그러나 만일 우리가 같은 쪽에 걸었는데 진다면(즉 신이 존재한다면), 우리는 영생의 기회를 놓치게 될 것이며, 심하면 영원한 지옥생활에 빠질 위험까지 있을 것이다.

파스칼은 이러한 선택들에 직면한 도박사로서 가장 합리적인 행동 방침은 신이 존재한다는 것을 믿는 것이라고 주장한다. 이렇게 함으로써, 만일 우리가 맞다면 우리는 영생을 얻게 된다. 만일 우리가 신이 존재한다는 쪽에 걸었는데 빗나갔다면 우리는 그리 많이 잃지는 않는다. 신이 존재하지 않는다는 쪽에 걸었다가 빗나갔을 때에 비하면 말이다. 그러므로 만일 우리가 가능한 이득을 최대화하고 가능한 손실을 최소화하길 원한다면, 우리는 마땅히 신의 존재를 믿어야 한다.

비판 1. 믿으려 한다고 믿어지는가

설령 도박사의 논증이 받아들여진다손 치더라도, 우리에게 여전히 남는 문제는 우리가 원하는 대로 무엇이든 믿는 것이 가능하지 않다는 것이다. 우리는 단순히 어떤 것을 믿기로 결심할 수는 없다. 나는 '돼지들은 날아다닌다' '런던은 이집트의 수도이다' 또는 '전지·전능·지선한 신이 존재한다'고 내일부터 믿을 것이라고 결심할 수는 없다. 내가 이것들을 믿기 전에 나에게 사실이 그렇다는 확신이 필요하다. 그러나 도박사의 논증은 신이 존재한다는 것을 나에게 확신시키는 그 어떤 증거도 제공하지 못한다. 이 논증이 내게 말하는 것은 단지 도박사로서 내가 스스로를 그렇게 믿게 만드는 것이 분별있는 짓이라는 것이다. 그러나 여기서 내가 직면하는 문제는 어떤 것을 믿기 위해서 먼저 나는 그것이 참이라는 것을 믿어야만 한다는 것이다.

파스칼은 이렇듯 어떤 신념이 우리의 감정에 역행할 때, 어떻게 스스로에게 신의 존재를 믿게 만드느냐의 문제에 대한 해답을 가졌다. 그렇게 하기 위해 마치 우리가 이미 신의 존재를 믿는 것처럼 행위하라고 그는 제안한다. 예를 들어 교회에 가고, 적절한 기도문을 외우고 등등의 행위가 그것이다. 우리가 신이 존재한다는 신념의 외형적 징표를 따른다면, 우리는 아주 빠르게 실제의 신념을 형성할 것이라고 그는 주장했다. 달리 말하면, 우리가 의도적으로 신념을 생성시킬 수 있는 간접적인 길이 있다는 것이다.

비판 2. 진실되지 못하다

영생의 기회를 얻기 위해 신의 존재 쪽에 내기를 거는 것 그리고는 우리가 맞추는 경우에 얻게 될 상금을 위해 우리 자신에게 재주를 부려 신 존재에 대한 실제의 믿음을 만들어내는 것은 신의 존재 문제에 대한 부적절한 태도인 듯이 보인다. 철학자이자 심리학자인 윌리엄 제임스(William James, 1842~1910)는 이렇게까지 말하고 있다. 즉 만일 자신이 신의 위치에 있다면, 이런 절차를 거쳐 자신을 믿은 사람들이 천당에 가지 못하게 만드는 데서 큰 기쁨을 누릴 것이라고. 그 전체의 과정은 진실되지 못하게 보이며, 그 동기는 전적으로 이기적이다.

비판 3. 승산이 같다고 가정한다

　　도박사의 논증에 대한 또 다른 비판은 그것이 신이 존재할 확률과 존재하지 않을 확률이 같다는 가정에 기초한다는 것이다. 그러나 우리가 살펴보았듯이, 악의 문제는 인자한 신의 존재에 대한 신념에 매우 심각한 도전이다. 많은 사람들에게 세상의 악의 존재는 신의 존재를 부정하는 쪽으로 추를 심하게 기울게 만든다. 이런 사람들에게 신이 존재한다는 쪽에 내기를 거는 것은 출발부터 처지는 말에게 돈을 거는 짓일 것이다.

신은 인간의 이상에 불과하다

신에 관한 비실재론은 전통적인 유신론에 하나의 대안(비록 논란은 있지만)을 제공해 준다. 비실재론은 신을 인간 존재와 독립해서 존재하는 어떤 것으로 생각하는 것은 잘못이라고 논변한다. 진정한 의미에서 종교적 언어란 특정 종류의 객관적 존재를 기술하는 것이 아니라, 오히려 우리의 모든 도덕적 정신적 가치들의 이상적 통일체를 그리고 이러한 가치들이 우리들에 대해 요구하는 권리주장을 우리 자신들 앞에 제시하는 하나의 방식이다. 다시 말해 이런 종류의 비실재론자가 신을 믿는다고 주장할 때, 이것은 그가 어떤 분리된 세계에 현존하는 실체로서의 신을—즉 전통적 유신론자들에 의해 기술되는 그런 종류의 신을—믿는다는 것을 의미하지 않는다. 대신에 이들이 의미하는 바는 이들이 도덕적 정신적 가치들의 특정 집합체에 자신들을 위탁한다는 것 그리고 종교의 언어는 이런 가치들을 제시하는 특별히 강력한 방식을 제공한다는 것이다. 비실재론자로 유명한 돈 큐핏(Don Cupitt, 1934~)의 표현에 따르면, '신을 이야기하는 것은 우리가 마땅히 추구해야 할 도덕적 정신적 목표에 관해 그리고 우리는 마땅히 무엇이 되어야 하느냐에 관해 이야기하는 것이다'.

비실재론자들이 보기에, 저 밖에 존재하는 마치 또다른 행성이나 설인(雪人)처럼 발견되어야 할 어떤 것으로서의 신이 존재한다고 믿는 사람들은 신화적 사고에 사로잡혀 있다. 이들의 주장에 따르면, 종교적 언어의 진정한 의미는 인간의 최고 이상들을 우리에게 제시해 주는 데 있다. 이것은 어떻게 서로 다른 종교들이 존재하게 되었는지를 설명해 준다. 즉 종교들은 서로 다른 문화적 가치들의 구현으로서 자라났지만, 어떤 의미에서 그것들은 모두 동일한 종류의 활동에 속한다는 것이다.

비판 1. 가면을 쓴 무신론

신에 관한 비실재론에 주어지는 가장 큰 비판은 그것은 얄팍하게 위장된 무신론이라는 것이다. 신은 그저 인간 가치들의 총체라고 말하는 것은 전통적 의미의 신이 존재하지 않는다고 말하는 것과 다름없다. 종교적 언어는 그저 신 없는 세계에서 가치들에 관해 이야기하는 유용한 방식을 제공하는 것에 지나지 않게 된다. 또한 그것은 위선적인 것처럼 보인다. 비실재론자들은 신이 객관적 존재를 가진다는 생각을 부정하면서도 동시에 종교적 언어와 의례에 가치를 부여하길 원하기 때문이다. 차라리 신은 실재로 존재하지 않는다는 믿음이 함축하는 바에 따라 무신론자가 되는 것이 더 진실된 듯이 보인다.

비판 2. 교리가 바뀌게 된다

신의 존재 문제에 관한 비실재론을 겨냥한 두 번째 비판은 그것이 종교의 교리에 대한 매우 심각한 함축들을 가지고 있다는 것이다. 예를 들어 대부분의 유신론자들은 천국의 존재를 믿는다. 그런데 신이 실제로는 존재하지 않는다고 하면, 천국도 존재하지 않을 것이다(그렇다면 지옥 또한 존재하지 않을 것이다). 마찬가지로 신이 존재하지 않는다면, 기적에 관한 그럴 듯한 설명이 주어지기 힘들 것이다. 그런데 기적의 가능성에 관한 믿음은 많은 유신론자들에게 중심이 되는 믿음이다. 신의 존재 문제에 관한 비실재론적 입장의 채택은 많은 종교적인 기본 신념들의 과격한 변형을 불러일으킬 것이다. 물론 이런 지적만으로 비실재론적 접근이 꼭 무너지리라는 법은 없다. 만일 어떤 사람이 그런 과격하게 변형된 교리를 채택하고자 한다면, 그는 일관성 있게 그렇게 하면 된다. 요점은 이것이다. 비실재론적 견해는 종교의 기본 교리에 대한 근본적인 분해수리를, 즉 많은 사람들이 원치 않는 그러한 분해수리를 수반하게 된다는 것이다.

신의 존재는 이성이 아니라 신앙의 문제이다

　지금까지 우리가 검토했던 신의 존재를 지지하는 논증들은 모두 비판의 여지가 있었다. 이러한 비판들이 반드시 결정적일 필요는 없다. 당신은 아마도 역(逆)비판(비판에 대한 비판)을 찾을 수 있을지도 모른다. 그러나 당신이 적합한 역비판을 찾을 수 없다면, 이것은 당신이 신에 대한 신념을 완전히 거부해야 한다는 것을 의미하는가?

　무신론자들은 그래야만 한다고 말할 것이다. 무신론자들은 '증거 불충분(not proven)'이라고 판정내릴 것이다. 그러나 종교 신자들은 여러 논증들의 무게를 재는 철학적 접근은 부적절하다고 주장할지도 모른다. 신에 대한 믿음은 추상적인 지적 사변의 문제가 아니라 개인적 헌신(personal commitment)의 문제라고 말할지도 모른다. 이것은 신앙의 문제이지 이성의 능숙한 운용의 문제가 아닐지 모른다.

신앙은 신뢰를 포함한다. 내가 산을 오르고 있고, 나의 신앙을 내 밧줄의 튼튼함에 두고 있다면, 내가 발판을 잃고 추락할 경우에 이 밧줄이 나를 붙잡아주리라고 신뢰한다. 비록 내가 실제 시험해 보기 전까지는 그것을 절대적으로 확신할 수는 없을지라도 말이다. 어떤 사람들에게 신에 대한 신앙은 그 밧줄의 튼튼함에 대한 신앙과도 같다. 즉 신이 존재한다는 그리고 그가 모든 개인을 보살핀다는 그 어떤 확립된 입증도 없다. 그러나 믿는 자는 신이 정말로 존재한다고 믿고 이에 따라 살아간다.

종교적 신앙의 태도는 많은 사람들에게 매력적이다. 이런 점이 우리가 고찰해 온 그런 종류의 논증들을 사소한 것으로 만든다. 그러나 이것이 극단에 이르면, 종교적 신념은 사람들을 자신들의 견해에 역행하는 증거들에 대해 완전히 눈멀게 만들 수 있다. 즉 그것은 합리적 태도라기보다는 고집스러움에 더 가까워질 수 있다.

만일 당신이 신을 믿는 기질적 성향을 가지고 있다면 이러한 신앙 태도를 채택하는 것의 위험성은 무엇일까?

신앙의 위험성

앞서 설명했듯이 신앙은 불충분한 증거에 기초한다. 만일 신이 존재한다고 공언할 만큼의 충분한 증거가 있다면, '신앙'에 매달릴 필요성은 덜할 것이다. 이 경우에 우리는 신의 존재에 대한 '지식'을 가진 것이 될 것이다. 신의 존재를 확신시켜주는 증거가 불충분하기 때문에, 신앙을 가진 자가 그 신앙 안에서 실수할 가능성은 언제나 존재한다. 그리고 기적이 일어났다는 신념에서처럼 사람들을 신에 대한 신앙으로 이끌 수 있는 다수의 심리적 요인들이 있다.

예를 들어 전능한 존재가 우리를 보살펴주고 있다고 믿는 데서 오는 안도감이 매력적임은 부인할 수 없다. 죽은 뒤의 삶에 대한 신념은 죽음의 공포에 대한 좋은 해독제이다. 이런 요인들은 스스로 신에 대한 신앙에 전념하는 사람들을 위한 보상이 될 수도 있다.

물론 이 말이 반드시 그들의 신앙이 잘못되었음을 의미하는 것은 아니다. 이 말은 그저 그들의 신앙의 원인들이 불확실성과 바라는 마음의 조합일 수 있다는 것을 보일 뿐이다.

또한 흄이 지적했듯이 인간 존재는 일상을 초월한 사건들을 믿는 데서 오는 놀라움과 경이로움에서 커다란 즐거움을 얻는다. 신에게 신앙을 바치는 경우에, 진정한 신앙과 그런 신념을 가지는 데서 오는 즐거움을 구별하는 것은 중요하다.

이러한 심리적 요인들은 마땅히 스스로를 신에 대한 신앙에 위탁하는 행위에 대해 우리들을 조심하게 만든다. 이런 영역에서는 어떤 이의 동기를 잘못 판단하기가 아주 쉽기 때문이다. 결국은 믿는 자 저마다가 자신의 신앙이 적절하거나 참된지 스스로 판단해야만 할 것이다.

결론

이 장에서 우리는 신의 존재를 지지 또는 반대하는 전통적인 논증들 대부분을 고찰했다. 우리는 유신론자들이 전지·전능·지선한 신에 대한 자신들의 신념을 유지하려면 물리쳐야 할 심각한 비판들이 있음을 보았다. 이런 비판들 중 많은 것을 물리치는 한 가지 길은 일반적으로 신에게 부여하는 속성들을 변경하는 일일지 모른다. 아마도 신은 완전히 선하지는 않을지도 모른다. 또는 그의 능력이나 지식에 한계가 있을지도 모른다. 이렇게 변경하는 것은 신에 대한 전통적인 설명을 거부하는 것이 될 것이다. 그러나 많은 사람들에게 이것이 신에 대한 신앙을 통째로 거부하는 것보다는 더 나은 해결일 수도 있다.

더 읽을 책들

나는 맥키의 『유신론의 기적』(J. L. Mackie, *The Miracle of Theism*, Oxford : Clarendon Press, 1982)을 강력하게 권한다. 이 책은 분명하고 지적이며, 자극을 준다. 또한 이 장에서 다루어진 모든 문제들을 더 상세히 다루고 있다.

데이비스의 『종교 철학 입문』(Brian Davies, *An Introduction to the Philosophy of Religion*, Oxford : Oxford University Press,

1982)은 이 분야에 대한 간략한 입문서인데, 저자는 도미니크회 수사이기도 하다.

흄의 유고 『자연종교에 관한 대화』(1779)는 신의 존재를 옹호하는 디자인 논증에 대한 뛰어난 공격을 담고 있다. 18세기 풍의 문장은 곳에 따라 이해하기가 매우 힘들기도 하지만, 많은 논증들이 쫓아가기 쉽고, 위트 있고, 기억할 만한 예들로 잘 설명되어 있다. 가장 좋은 판본은 David Hume, *Dialogues and Natural History of Religion*(Oxford : Oxford University Press World's Classics, 1993)이다.

큐핏은 『신앙의 바다』(Don Cupitt, *The Sea of Faith*, London : BBC Books, 1984)에서 유신론의 입장에 대한 흥미롭고 논란거리가 되는 대안을 제시한다.

3. 무엇이 옳고 무엇이 그른가

어떤 행위를 옳거나 그르게 만드는 것은 무엇인가? 우리가 어떤 사람이 어떤 것을 해야 한다 또는 해서는 안 된다고 말할 때 우리가 의미하는 것은 무엇인가? 우리는 어떻게 살아야 하는가? 우리는 다른 사람들을 어떻게 대해야 하는가? 이런 것들은 철학자들이 수천 년 동안 논의해 온 물음이다. 만일 고문, 살인, 잔혹행위, 노예제, 강간 및 도둑질과 같은 것들이 왜 그른지 말할 수 없다면, 이런 것들을 금지하는 행위가 어떻게 정당화될 수 있겠는가? 도덕성은 단지 편견의 문제인가, 아니면 우리는 우리의 도덕적 신념에 대해 올바른 이유들을 제시할 수 있는가? 이런 문제들을 다루는 철학의 분야는 대개 윤리학(ethics) 또는 도덕철학(moral philosophy)으로 알려져 있다. 나는 여기서 이 용어들을 상호 교환가능한 것으로 사용할 것이다.

나는 철학이 무엇이 옳고 그른지에 대한 사람들의 근본적 편견들을 바꿀 수 있다는 데 회의적이다. 프리드리히 니체(Friedrich Nietzsche, 1844~1900)가 『선악의 피안』에서 지적했듯이, 대부분의 도덕철학자들은 '여과되고 추상화된 마음의 욕망'을 정당화하는 것으로 끝난다. 즉, 이런 철학자들은 결코 개인적이지 않은 논리적 추론을 포함하는 듯이 보이는 복잡한 분석을 제공하지만 언제나 자신들이 갖고 있는 기존의 편견들이 맞다는 것을 증명하는 것으로 끝마친다.

그럼에도 불구하고 도덕철학은 진정한 도덕적 문제들을 다룰 때 통찰들을 제공할 수 있다. 즉 그것은 도덕성에 관한 어떤 아주 일반적 신념들의 함축을 명료하게 하고, 어떻게 이 신념들이 일관되게 실천으로 옮겨질 수 있는지 보여줄 수 있다. 여기서 나는 두 가지 유형의 도덕이론을 검토할 것이다. 의무에 기초한 이론과 결과주의적 이론이 그것이다. 이것은 도덕적 문제들을 이해하기 위한 아주 일반적인 경쟁적 구조들이다. 먼저 나는 이 두 이론의 주요 특징을 개괄하고, 어떻게 이것들이 실제 생활에 적용될 수 있는지를 보일 것이다. 그런 다음에 도덕적 언어의 의미에 관한 더욱 추상적인 철학적 물음들로 나아갈 것인데, 이 분야는 메타 윤리학(meta-ethics)으로 알려져 있다.

의무에 기초한 이론들

　의무에 기초한 이론들은 우리 저마다가 — 우리가 수행해야 하는 또는 수행해서는 안 되는 — 어떤 의무들을 가지며, 도덕적으로 행위하는 것은 이 행위로부터 어떤 결과가 생기든 우리의 의무를 행하는 것이라고 강조한다. 의무에 기초한, 또한 '의무론적(deontological)'이라고도 알려진 윤리이론들을 결과론적 윤리이론들과 구별시켜주는 것은 바로 이러한 생각, 즉 어떤 행위들은 이것들에 뒤따르는 결과에 상관없이 절대적으로 옳거나 그르다고 하는 생각이다. 여기서 우리는 두 가지 의무에 기초한 이론들을 차례로 검토할 것이다. 기독교 윤리학과 칸트 윤리학이 그것이다.

기독교 윤리학

    기독교의 도덕적 가르침은 서구인들의 도덕관을 지배해 왔다. 즉 도덕에 관한 우리의 전반적 개념은 종교적인 교설에 의해 형성되었으며, 심지어 무신론적 윤리이론들조차도 그것에 크게 빚지고 있다. 십계명은 다양한 의무들과 금지된 행위들을 열거한다. 이 의무들은 의무수행에 뒤따르는 결과들에 상관없이 적용된다. 즉 이것들은 절대적 의무들이다. 성경을 믿는 사람은 '옳음'과 '그름'의 의미에 대해서 아무런 의심도 가지지 않을 것이다. 즉 '옳음'은 신의 의지를 의미하며, '그름'은 신의 의지에 반하는 모든 것을 의미한다. 이런 신자에게 도덕은 외적 권위, 즉 신이 내리는 절대적인 명령들에 따르는 것의 문제이다. 예를 들어 살인은 언제나 도덕적으로 그르다. 이것은 십계명에 죄악으로 명시되어 있기 때문이다. 비록 어떤 특정한 개인을,

예를 들어 히틀러를 죽이는 것이 다른 사람들의 생명을 구하는 일일지라도 살인은 여전히 죄악이다. 물론 이것은 지나친 단순화이다. 사실 신학자들 사이에는 예외적인 상황, 즉 살인이 도덕적으로 허용될 수 있는, 예를 들어 정의로운 전쟁의 상황에 대한 논쟁이 벌어지고 있다.

실제로 기독교 도덕은 그저 십계명에 따르는 일보다는 훨씬 더 복잡하다. 즉 이것은 그리스도의 가르침을 응용하는 것과 특히 신약성경에서의 '네 이웃을 사랑하라'는 계명을 포함한다. 그러나 이런 도덕의 본질은 '하라-하지 말라'의 체계라는 데 있다. 이것은 종교에 기초한 대부분의 다른 도덕도 마찬가지이다.

많은 사람들이 만일 신이 존재하지 않는다면 도덕과 같은 것은 있을 수 없다고 생각했다. 러시아의 소설가 도스토예프스키의 말에 따르면, '신이 존재하지 않는다면, 모든 것이 허용된다.' 그럼에도 불구하고 오직 신의 의지에만 기초한 윤리이론들에 대해 적어도 두 가지의 주요 반대가 있다.

비판 1. 신은 무엇을 의지하는가

기독교 윤리학이 곧바로 부딪치는 한 가지 어려움은 무엇이 정말 신의 의지인가를 알아내는 일이다. 신이 우리가 하기를 원하는 것이 무엇인지 우리는 어떻게 확실하게 알 수 있는가? 기독교인들은 대체로 이 물음에 대해 『성경』을 보라'고 말함으로써 답한다. 그러나 『성경』은 여러 가지 그리고 때때로 상충되는 해석들에 열려 있다. 「창세기」를 말 그대로 받아들여서 이 세계는 7일 만에 창조되었다고 믿는 사람들과 이것은 은유적 표현이라고 생각하는 사람들 사이의 차이를 보라. 아니면 전쟁에서 살인은 때때로 용납된다고 생각하는 사람들과 '살인해서는 안 된다'는 계명은 절대적이고 무조건적이라고 믿는 사람들 사이의 차이를 보라.

비판 2. 에우티프론의 딜레마

딜레마란 오직 두 개의 가능한 선택 대상들이 있고, 이것들 중 어느 것도 만족스럽지 못할 때 생긴다. 현 주제에 관련된 딜레마는 원래 플라톤의 『에우티프론』에 나오는 것이다. 도덕이란 신의 명령으로부터 유래되었다고 믿는 사람이 처하는 딜레마는 다음과 같다. 어떤 행위가 도덕적으로 선하기에 신은 그 행위를 명령하는가(또는 그런 행위를 사랑하는가)? 아니면 신의 명령(또는 그것을 사랑함)이 그것을 도덕적으로 선하게 만드는가?

첫번째 선택 대상을 고려해 보자. 만일 신이 특정 행위가 도덕적으로 선하기에 그것을 하도록 명령한다면(또는 그렇게 행하는 것을 사랑한다면), 이것은 도덕이 어떤 의미에서 신에게서 독립된 것으로 만든다. 그는 우주에서 발생하는 기존의 도덕적 가치들에 응답하고 있다. 즉 그 가치들을 발견하고 있지, 창조하고 있는 것이 아니다. 이런 견해 위에서는 신을 전혀 언급하지 않고서도 도덕을 완벽하게 기술하는 것이 가능할 것이다. 비록 신은 우리에게 도덕에 관한―우리가 우리의 제한된 지성을 가지고 세상 속에서 주워모을 수 있는 것들보다―더 믿을 만한 정보를 제공해 준다고 생각할 수는 있을지라도 말이다. 어쨌든 이런 견해에 따르면 신은 도덕의 근원이 못 된다.

두번째 선택 대상은 아마도 기독교 윤리학의 옹호자들에게 앞의 것보다 덜 매력적일 것이다. 만일 신이 단순히 자신의 명령이나 승인에 의해 옳고 그름을 창조한다면, 이것은 도덕을 다소 자의적인 것으로 만드는 것 같다. 원칙적으로 보면, 신은 살인을 도덕적 찬양의 대상으로 선언할 수도 있으며, 그리하여 실제로 살인은 그런 찬양받는 행위가 될 수도 있을 것이다. 신의 명령체계로서 도덕을 옹호하는 사람은 이렇게 답할지 모른다. 즉 신은 선하며 그런 일이 우리에게 일어나는 것을 원하지 않기 때문에, 그는 결코 살인을 도덕적 찬양의 대상으로 만들지는 않을 것이라고 말이다. 그러나 여기서 '선하다'가 '도덕적으로 선하다'를 의미한다면, 결과적으로 '신은 선하다'가 의미하는 바는 '신은 스스로를 승인한다'는 것이 된다. 이것은 신을 믿는 사람들이 '신은 선하다'라고 말할 때 그들이 의미하는 바가 아닐 것이다.

비판 3. 신의 존재를 가정한다

그러나 훨씬 더 심각한 반대는 이 윤리적 견해가 신이 실제로 존재하며, 또한 인자하다는 것을 전제한다는 데 있다. 신이 인자하지 않다면, 왜 신의 의지에 따르는 행위들이 도덕적으로 선하다고 간주되겠는가? 그러나 1장에서 보았듯이 신의 존재도 그 인자함도 당연하게 받아들여지기는 힘들다.

의무에 기초한 도덕이론이라고 해서 모두 신의 존재에 의존하는 것은 아니다. 의무에 기초한 도덕이론 중 가장 중요한 것으로 평가받는 칸트의 이론은 도덕을 넓은 맥락에서 많은 무신론자들도 설득할 수 있는 방식으로 기술한다. 비록 칸트가 기독교 개신교의 전통에 강하게 영향을 받았고, 그 자신이 독실한 기독교인이었을지라도 말이다.

칸트 윤리학

칸트는 '무엇이 도덕적 행위인가?'라는 물음에 관심을 가졌다. 그의 대답은 철학에서 매우 중요한 것이 되었다. 여기서 나는 그 대답의 주요 특징을 개괄할 것이다.

칸트에게 도덕적 행위는 의무감에서 비롯되어 수행된 행위이다. 따라서 단순히 경향성, 느낌 또는 행위자가 어떤 이익을 얻을 가능성에서 비롯된 행위는 도덕적 행위가 아니다. 예를 들어 만일 내가 불쌍한 사람들에 대한 깊은 동정심에서 자선단체에 돈을 기부한다면, 칸트의 견해에 따를 때, 나는 반드시 도덕적으로 행위하는 것은 아니다. 즉 만일 내가 의무감에서가 아니라 순전히 동정의 느낌으로부터 행위한다면, 나의 행위는 도덕적 행위가 못 된다. 만일 내가 사람들 사이에서 명성이 높아지리라 생각하고 자선행위를 한다면, 나는 이 경우에도 도덕적으로 행위하는 것이 아니며, 다만 사회적 지위에서 이득을 얻기 위해 행위하는 것에 불과하다.

이처럼 칸트에게 행위의 동기는 행위 자체나 그 결과보다 훨씬 더 중요하다. 그는 어떤 사람이 도덕적으로 행위하는지의 여부를 알기 위해서는 그의 의도가 무엇인지를 알아야 한다고 생각했다. 착한 사마리아 사람이 불쌍한 사람을 도왔는지 그렇지 않은지를 아는 것만으로는 충분하지 않다. 그 사마리아 사람은 자기 이익을 위해, 즉 어떤 대가를 기대하며 행위했을 수 있다. 아니면 그는 가슴 아픈 동정심을 느껴서 그렇게 했을 수도 있다. 이것은 의무감에서라기보다는 감정적 동기에서 행위하는 것이 된다.

대부분의 도덕철학자들은 자기 이익은 도덕적 행위를 위한 적절한 동기가 못 된다는 것에 대해 칸트에 동의할 것이다. 그러나 어떤 사람이 동정심과 같은 감정을 느끼는지의 여부는 어떤 행위에 대한 도덕적 평가와 무관하다는 그의 주장에는 동의하지 않을 것이다. 어쨌든 칸트에게는 도덕적 행위를 위한 유일한 동기는 의무감이다.

왜 칸트가 행위의 결과보다는 동기에 그토록 집중했는지에 대한 한 가지 답은 그가 모든 사람들이 도덕적일 수 있다고 믿었다는 데 있다. 이치에 맞게 따져 보면, 우리는 우리가 통제할 수 있는 것들에 대해서만 도덕적으로 책임이 있기에 — 또는 그가 말하듯이 '당위는 능력을 함축(ought implies can)'하기에 — 그리고 행위의 결과는 종종 우리의 통제 밖에 있기에, 결과는 도덕에 결정적일 수 없다는 것이다. 예를 들어 만일 내가 의무감에서 물에 빠진 어린 아이를 구하고자 시도했는데, 그만 그어린 아이가 물에 빠져 죽었다 하더라도 나의 행위는 여전히 도덕적이라고 여겨질 것이다. 나의 동기가 옳은 종류의 것이었기 때문이다. 이 경우에 내 행위는 불행한 결과를 낳았지만, 이것은 내가 행한 것의 도덕적 가치와는 무관하다.

마찬가지로 우리는 반드시 우리의 감정적 반응에 대해 완벽한 통제력을 가질 필요가 없기에, 이것들 역시 도덕에 본질적일수 없다. 만일 도덕이 모든 의식적 인간들에게 가능한 것이려면, 그것은 전적으로 의지에, 특히 우리의 의무감에 기초해야만한다는 것이 칸트의 생각이다.

준칙에 따르는 행위

칸트는 행위의 배후에 있는 의도를 준칙(maxim)이라는 말로설명한다. 준칙이란 행위의 기초가 되는 일반 원리이다. 예를들어 착한 사마리아 사람은 '만일 네가 수고의 대가를 기대한다면 언제나 어려움에 처한 사람들을 도와라' 라는 준칙에 따라 행위했을 수 있다. 아니면 그는 '네가 동정심을 느낄 때 언제나어려움에 처한 사람들을 도와라' 라는 준칙에 따라 행위했을 수도 있다. 그러나 착한 사마리아 사람의 행위가 진정 도덕적이었다면, 그는 아마도 '그렇게 하는 것이 너의 의무이기 때문에 너는 항상 어려움에 처한 사람들을 도와라' 라는 준칙에 따라 행위했을 것이다.

절대적이고 무조건적인 명령

칸트는 합리적 인간으로서 우리가 일정한 의무를 가진다고 믿었다. 이 의무는 정언적(categorical)이다. 즉 이것들은 절대적이고 무조건적이다. '너는 언제나 진실을 말해야 한다' 또는 '너는 결코 누구도 죽여서는 안 된다'와 같은 의무들처럼 말이다. 이것들은 이것들에 복종함으로써 뒤따르는 결과가 무엇이든 적용된다. 칸트는 도덕이란 정언적 명법들의 체계라고 생각한다[역주:여기서 명법(imperative)이란 특정한 방식으로 행위하라고 하는 명령을 말한다]. 이것이 그의 윤리학의 가장 특징적인 면 가운데 하나이다.

그는 정언적 의무를 가언적 의무(hypothetical duties)와 대비시킨다. 가언적 의무는 '만일 네가 존경받기를 원한다면, 너는 진실을 말해야 한다' 또는 '만일 네가 감옥에 가지 않으려면, 너는 누구도 죽여서는 안 된다'와 같은 것들이다. 가언적 의무는 만일 당신이 어떤 목적을 달성하거나 회피하기 원한다면 당신이 해야 할 또는 해서는 안 될 것을 당신에게 말해 준다.

칸트는 오직 하나의 근본적 정언명법이 있다고 생각했다. 즉 '당신이 동시에 보편 법칙이 되기를 원하는 준칙에 따라서 행위하라'는 것이 그것이다. 달리 말해서, 당신이 모든 사람에게 적용하기를 원하는 그런 준칙에 따라서만 행위하라는 것이다. 이 원리가 바로 보편화 가능성의 원리(principle of universalizability)라고 알려져 있는 그것이다.

칸트는 이 정언명법을 여러 가지로 다르게 변형시켜 제시하기는 했지만, 그것들 중 앞서 말한 것이 가장 중요한 것이며, 크나큰 영향을 미쳤다. 이것을 좀더 자세히 검토해 보자.

준칙은 보편화 가능해야 한다

칸트는 어떤 행위가 도덕적이기 위해서는 그 근저에 있는 준칙이 보편화 가능한 것이어야 한다고 생각했다. 그것은 유사한 상황에서 다른 어느 누구에게도 적용될 수 있는 그러한 준칙이어야 한다. 당신은 당신 자신을 예외로 삼아서는 안 되며 또한 불편부당해야 한다. 예를 들어, 만일 당신이 '네가 너무 가난해서 원하는 것을 살 수 없을 때 너는 언제나 훔쳐라' 라는 준칙에 따라 행위하여 책을 훔친다면, 이것이 도덕적 행위가 되기 위해서는 이 준칙이 당신의 입장에 있는 다른 누구에게도 적용되어야 할 것이다.

물론 이것이 보편화 가능한 준칙이라면 무엇이든지 바로 그 이유에서 도덕적 준칙이라는 것을 의미하는 것은 아니다. 분명 '너보다 키가 큰 사람에게는 언제나 혀를 내밀어라' 와 같은 많은 사소한 준칙들도 아주 쉽게 보편화될 수 있지만, 이것들은 도덕과 아무런 상관이 없다. 다른 어떤 보편화 가능한 준칙들, 내가 앞에서 사용했던 훔치기에 관한 준칙과 같은 것들은 오히려 비도덕적이기까지 하다.

이러한 보편화 가능성의 개념은 '다른 사람들이 당신에게 해주기를 원하는 대로 다른 사람들에게 해주어라' 라는 기독교의 황금률의 한 변형이다. '기생충이 되어라, 언제나 다른 사람에

얹혀살아라' 라는 준칙에 따르는 사람은 도덕적으로 행위하는 것이 못 될 것이다. 이 준칙을 보편화하는 것은 불가능할 것이기 때문이다. 이런 준칙은 오히려 '모든 사람이 그렇게 살면 어떻게 되나?' 하는 물음을 유발시킬 뿐이다. 만일 모든 사람이 기생충처럼 산다면, 기생충들이 얹혀살 그 누구도 남지 않게 될 것이다. 이런 준칙은 칸트의 테스트를 통과하지 못하며 따라서 도덕적인 것이 될 수 없다.

이와 달리 우리는 '결코 아기를 괴롭히지 말아라' 라는 준칙을 아주 쉽게 보편화할 수 있다. 이런 명령에 따르는 것은 분명 모든 이에게 가능하며 바람직하다. 비록 그들이 실제로는 그 명령에 따르지 않을 수도 있지만 말이다. 아기를 괴롭힘으로써 그 준칙을 어기는 사람들은 부도덕하게 행위하는 것이 된다. 이런 준칙들을 가지고 칸트의 보편화 가능성이라는 개념은 옳음과 그름에 관한, 사람들 대부분의 의심할 바 없는 직관에 일치하는 한 가지 답변을 아주 분명하게 제시해 준다.

타인을 수단이 아니라 목적으로 대하라

칸트 정언명법의 또 다른 형태 중에는 '다른 사람들을 그들 자신의 목적으로 대하라, 결코 목적을 위한 수단으로 대하지 말라' 라는 것이 있다. 이것은 우리는 다른 사람을 이용해서는 안 되며 언제나 그들의 인간성을, 즉 그들은 그들 자신의 의지와 욕망을 가진 개인들이라는 사실을 알아주어야 한다는 말의 또 다른 방식이다. 만일 어떤 사람이 당신이 그에게 직장을 줄 수 있다는 것을 알기에 당신을 즐겁게 해주었다면, 그는 당신을 사람으로서가 아니라, 즉 스스로의 목적으로서가 아니라 직장을 갖기 위한 수단으로 대하는 것이다. 물론 어떤 사람이 당신이 그저 좋아서 당신을 즐겁게 해주었다면, 이것은 그저 도덕과 무관한 행위일 따름이다.

비판 1. 공허하다

칸트의 윤리 이론은, 특히 도덕적 판단의 보편화 가능성이라는 개념은 공허하다는 비판을 때때로 받는다. 그의 이론은 그저 도덕적 판단의 구조를 보여주는 틀을 제공할 뿐, 현실적 도덕적 결정에 직면한 사람들에게 아무런 도움을 주지 못한다는 말이다. 그 이론은 무엇을 행해야 할지 결정하고자 하는 사람들에게 거의 도움을 주지 못한다.

그러나 이 비판은 정언명법의 다른 형태, 즉 사람을 목적으로 대할 것이며, 결코 수단으로 대하지 말라는 칸트의 또 다른 주장을 소홀히 하고 있다. 이 형태의 정언명법에서 칸트는 분명 자신의 도덕이론에 어떤 내용을 주고 있다. 그러나 비록 그의 보편화 가능성 논제와 수단/목적 공식의 조합을 가지더라도, 칸트의 이론은 많은 도덕적 문제들에 만족할 만한 해결책을 제시하지 못한다.

예를 들어 칸트의 이론은 의무의 갈등을 쉽게 해결할 수 없다. 예를 들어 만일 내가 항상 진실을 말해야 할 의무를 가지면서 동시에 나의 친구들을 보호해야 할 의무를 가진다면, 칸트의 이론은 이 두 개의 의무들이 상충될 때 내가 과연 어떻게 해야 하는지를 말해 주지 못한다. 만일 도끼를 들고 있는 미친 사람이 내게 나의 친구가 어디 있느냐고 묻는다면, 내 마음은 우선 그에게 거짓말을 하는 쪽으로 기울 것이다. 진실을 말하는 것은 나의 친구를 보호해야 하는 의무를 어기는 것이 될 것이다. 그러나 다른 한편으로 칸트에 따르면 거짓말하는 것은 그러한 극단적 상황에서조차도 비도덕적 행위가 될 것이다. 나는 결코 거짓말하지 말라는 절대적 의무를 가지기 때문이다.

비판 2. 비도덕적 행위도 보편화 가능하다

칸트 이론에서 보이는 또 하나의 약점은 이것이 몇몇 명백하게 부도덕한 행위들을 허용하는 듯이 보인다는 점이다. 예를 들어 '네 일을 방해하는 자는 누구든 죽여라'와 같은 준칙은 아무런 문제 없이 보편화될 수 있을 것 같다. 그런데 이러한 준칙은 분명 비도덕적이다.

그러나 이런 종류의 비판은 칸트에 대한 비판으로서는 실패했다. 왜냐하면 이 비판은 이것에 명백하게 모순되는 수단/목적이라는 또 하나의 정언명법을 무시하기 때문이다. 당신의 일을 방해하는 사람들을 죽이는 것은 이들을 그 자신들의 목적으로 대하는 것이 아니다.

비판 3. 행위의 결과를 고려하지 않는다

비록 칸트 윤리 이론의 대부분이 ― 특히 다른 사람들의 이익을 존중한다는 생각은 — 일리가 있기는 하지만 몇 가지 일리 없는 측면들이 있다. 먼저 그것은 몇몇 엉뚱한 행위들을 정당화하는 듯이 보인다. 도끼 든 미치광이에게 거짓말을 함으로써 자신의 친구를 놓치게 하기보다는 그가 어디 있는지 말해 주는 행위와 같은 것이 그 일례이다.

둘째로, 그 이론이 동정심, 동감 및 측은함과 같은 감정들에게 부여하는 역할이 부적절한 것 같다. 칸트는 이런 감정들을 도덕과 무관한 것으로 처리해 버린다. 그에게 도덕적 행위와 유일하게 관련된 동기는 의무감뿐이다. 어려움에 처한 어떤 사람에게 동정을 느끼는 것은 어떤 시각에서는 칭찬할 만하다고 여겨질 수 있는데도 칸트에게는 도덕과 아무런 관련이 없는 것이된다. 이와 대조적으로 많은 사람들은 동정심, 동감, 죄스러움 및 자책감과 같은 명백히 도덕적인 감정들이 존재한다고 생각한다. 칸트처럼 이런 감정들을 도덕에서 분리해내는 것은 도덕적 행위의 중심 요소를 무시하는 것이다.

셋째로 칸트의 이론은 행위의 결과를 고려하지 않는다. 이것은 고의는 아니지만 무능함으로 인해 다수의 죽음을 불러들인 선의의 바보들은 칸트에 따르면 도덕적 비난을 면할 수 있다는 것을 의미한다. 이들은 일차적으로 이들의 의도에 따라 판정될 것이다. 그러나 어떤 경우에서는 행위의 결과가 도덕적 가치의 평가에 관련되는 것 같다. 당신의 고양이를 말려주고자 전자오븐에 집어넣은 선의의 가정부에 대해 당신은 어떻게 느끼겠는지 생각해 보라. 그러나 이 점에 있어 칸트에게 공정하기 위해 지적하지만, 그는 사실 어떤 종류의 무능함은 유죄라고 여겼다.

　의무론적 윤리설에 대한 이러한 마지막 종류의 비판이 설득력 있다고 생각하는 사람들이라면 결과주의라고 알려진 윤리이론이 대단히 호소력을 지닌다고 여길 것이다.

결과주의

'결과주의(consequentialism)'라는 용어는 어떤 행위가 옳은지 그른지를 행위자의 의도에 기초해서가 아니라 그 행위의 결과에 기초해서 판단하는 윤리이론을 기술하는 데 사용된다. 칸트는 거짓말하는 것이 그 어떤 가능한 이익을 결과하든 간에 언제나 도덕적으로 그르다고 말하겠지만, 이와 달리 결과주의자는 거짓말하는 행위를 이것이 가져오는 또는 가져오리라 기대되는 결과들에 기초해서 판단하고자 한다.

공리주의

공리주의는 가장 잘 알려진 형태의 결과주의 윤리이론이다.

이 이론의 가장 유명한 옹호자는 존 스튜어트 밀(John Stuart Mill, 1806~1873)이다. 공리주의에서 모든 인간 행위의 궁극적인 목적은 (어떤 의미의) 행복이라는 가정에 기초해 있다. 이런 견해는 쾌락주의(hedonism)라고 한다.

공리주의자는 '좋다'를 '그 무엇이든 최대 다수의 최대 행복을 가져오는 것'으로 정의한다. 이것은 흔히 최대 행복의 원리(the Greatest Happiness Principle) 또는 유용성의 원리(Principle of Utility)로 알려져 있다. 공리주의자에게 어느 상황에서든 옳은 행위란 여러 가지 가능한 행위 과정의 결과들을 검토함으로써 판별될 수 있는 것이다. 가장 많은 사람에게 가장 큰 행복(또는 적어도 행복에서 불행을 뺀 양의 최대치)을 결과하리라 예기되는 것은 무엇이든 그 상황 안에서 옳은 행위이다.

공리주의는 생길 법한(probable) 결과들을 다루어야 한다. 특정한 행위의 결과들을 정확히 예측하기란 대개의 경우 불가능하지 않다면 극히 어렵기 때문이다. 예를 들어 사람들을 모욕하는 행위는 보통은 그들을 기분 나쁘게 만들지만, 당신이 모욕하고 있는 사람이 모욕당하는 것에서 큰 즐거움을 얻는 마조히스트로 밝혀질 수도 있다.

비판 1. 계산하기 어렵다

공리주의가 그 원칙에서는 매력적인 이론처럼 보이지만 이것을 실제에 적용할 때는 많은 어려움이 따른다.

행복을 측정하고 여러 다른 사람들의 행복을 비교하기란 매우 어렵다. 사디스트가 경험한 커다란 쾌락이 그 가학 대상이 겪는 고통보다 훨씬 더 가치있는지 누가 결정할 수 있겠는가? 또는 자기 팀이 멋지게 득점하는 것을 바라보고 있는 축구팬이 경험하는 쾌락과 자기가 가장 좋아하는 아리아를 듣고 있는 오페라광이 경험하는 짜릿한 환희가 어떻게 비교될 수 있는가? 그리고 이런 쾌락은 섹스나 먹는 행위와 같은 육체적인 쾌락과 어떻게 비교되는가?

초기 공리주의자인 제레미 벤담(1748~1832)은 원칙적으로 그러한 비교가 가능하다고 생각했다. 그에게 행복의 출처는 문제가 되지 않는다. 행복은 그저 마음의 즐거운 상태, 즉 쾌락 및 고통의 부재일 뿐이다. 비록 이것이 서로 다른 강도로 발생할지라도 이것은 모두 동일한 종류이며, 따라서 어떻게 생겨났든지 간에 공리주의적 계산법으로 양을 잴 수 있다. 소위 '행복 계산법'이라는 것에서 벤담은 쾌락들을 비교하기 위한 지침들을 제시하고 있는데, 여기에는 쾌락들의 강도, 지속성, 더 큰 쾌락을 일으키는 경향성 등과 같은 특징들이 고려되고 있다.

그러나 밀은 벤담의 접근이 너무 초보적이라고 생각했고, 이를 대신해서 그는 소위 고급 쾌락과 저급 쾌락의 구분을 제안했다. 그는 자신이 판단하기에 주로 지적인 고급 쾌락을 진정으로 경험한 사람이라면 누구나 일차적으로 육체적인 저급 쾌락보다는 자동적으로 앞의 것을 선호할 것이라고 주장했다. 밀의 분류에 따르면 고급 쾌락은 행복의 계산에서 저급 쾌락보다 더 많은 점수를 얻는다. 달리 말해서 그는 양뿐만 아니라 질에 따라서 쾌락을 평가한다. 그의 주장에 따르면 슬프지만 현명한 소크라테스가 행복하지만 무지한 바보보다 확실히 낫다는 것이다. 소크라테스의 쾌락이 바보의 그것보다 고급일 것이라는 근거에서 말이다.

그러나 이것은 소수우월주의자(엘리트주의자)의 말처럼 들린다. 이것은 어떤 지식인이 그 자신의 특정한 선호 및 자신이 속한 사회 계층의 이익과 가치를 정당화하는 방식일 수 있다. 또한 여기에서도 행복의 적절한 양을 계산하기가 아주 어렵다는 사실은 여전히 남는다. 이 문제는 설령 우리가 고급 쾌락과 저급 쾌락에 관한 밀의 구분을 받아들인다 하더라도 완전히 해결되지는 못할 것이다.

계산에 관한 더 근본적인 어려움은 무엇을 특정 행위의 결과로 간주해야 하는지를 결정하는 데서 발생한다. 만일 한 어린아이가 못된 행동을 했기에 어떤 이가 그에게 체벌을 가한다면, 이것이 도덕적 행위인지 아닌지에 관한 문제는 전적으로 그 행위의 결과에 의존할 것이다. 그런데 우리는 그저 체벌의 직접적인 결과만을 고려해야 하는가, 아니면 장기적 결과까지도 함께 고려해야만 하는가?

만일 후자가 옳다면, 우리는 이러한 체벌의 결과로 생겨날지도 모를 잠재적 위험뿐 아니라 그것을 피함으로써 얻게 되는 그 어린 아이의 행복과 정서 발달 같은 것들, 가능하다면 심지어 그 어린 아이의 자식들에게 미치는 영향까지 고려하도록 노력해야 할 지경에 이를지도 모른다. 그 어떤 행위에 대해서도 그 결과들은 먼 미래까지 미칠 수 있으며, 그것의 명백한 경계를 찾기란 힘들다.

비판 2. 비도덕적인 행위를 정당화할 수 있다

공리주의에 대한 더 강한 반대는 이것이 통상 비도덕적이라고 여겨지는 많은 행위들을 정당화할 수 있다는 사실에서 기인한다.

예를 들어 만일 무고한 사람을 공개 교수형에 처하는 것이 하나의 억제력으로 작용하여 폭력 범죄를 줄이는 데 직접적인 이익효과를 가지며, 따라서 전체로 보아 고통보다 쾌락을 낳는다는 주장이 입증될 수 있다면, 공리주의자는 무고한 사람을 목매다는 행위가 도덕적으로 옳다고 말해야만 할 것이다.

그러나 이러한 결론은 우리의 정의 감각에 맞지 않는다. 물론 이러한 반감이 공리주의 이론에 무언가 잘못된 것이 있다는 것을 입증하지는 못한다. 어떤 강경한 공리주의자는 아마도 매우 만족스럽게 그 결론을 집어삼킬 수도 있을 것이다. 그러나 그러한 불쾌한 결론들을 고려한다면 우리는 마땅히 공리주의를 완벽하게 만족스러운 도덕론으로 받아들이는 데 좀더 신중해야 할 것이다.

행복이란 단순히 마음의 즐거운 상태라고 믿는 벤담과 같은 공리주의자들은 더한 반대에 부딪친다. 이들의 이론이 제안하는 바에 따르면, 만일 '엑스타시'와 같은 향정신성 마약을 비밀리에 수돗물에 첨가시킨다면, 그리하여 이것이 전체의 쾌락을 증가시킨다면, 그런 사회는 도덕적으로 더 향상된 사회가 될 것이다. 그러나 우리들 대부분이 느끼는 바는 이와 다르다. 즉 비록 즐거운 순간들이 더 줄어들기는 할지라도, 그 순간들을 성취하는 방법에 대해 선택권이 있는 삶이 더 바람직하다고, 그리하여 수돗물에 마약을 탄 사람은 부도덕한 짓을 한 것이라고 생각할 것이다.

공리주의의 또 다른 난점을 생각해 보자. 칸트는 결과가 어떻든지 우리는 약속을 지켜야만 한다고 말하는 데 반해, 공리주의자들은 약속을 지키는 경우와 깨는 경우에서 예기되는 행복을 계산하고 여기에 따라 행위할 것이다. 공리주의자들은 이를테면 돈을 빌려준 사람이 그 사실을 잊었으며 또한 그것을 결코 기억해내지 못하리고 확신하는 경우, 빌린 돈을 되갚는 것은 도덕적으로 옳지 못하다고 기꺼이 결론지을 수도 있다. 공돈이 생긴 데서 비롯되는 빌린 사람의 증대된 행복은 다른 사람을 속인 데서 느끼는 스스로의 불편한 마음을 족히 능가할 것이다. 그리고 아마도 빌려준 사람은 그 빚에 대해 잊었기 때문에 전혀 불행하지 않을지 모른다.

그러나 이런 경우에서 개인적 성실성은 인간 상호관계의 중요한 요소인 것 같다. 사실 많은 사람들은 진실을 말하는 것, 빚을 되갚는 것, 타인들을 정직하게 대하는 것 등을 주요한 도덕적 행위로 간주한다.

이런 사람들에게 공리주의는 절대적 의무의 개념을 거절함으로써 부적절한 도덕이론으로 보일 것이다.

소극적 공리주의

공리주의자에게 그 어느 상황에서든 옳은 행위란 그것이 결과하는 행복이 불행을 능가하는 그러한 행위이다. 그러나 이것은 행복에 너무 많은 비중을 두는 듯싶다. 아픔과 괴로움의 회피야말로 불행에 대한 행복의 균형을 성취하는 것보다 훨씬 더 중요한 목표이다.

아무도 특별히 행복하지는 않지만 심한 고통에 괴로워하지도 않는 세계가 있다면 이 세계는 분명 몇몇 사람들은 불행의 극단 속에서 괴로워하지만 대다수의 사람들은 커다란 만족과 행복을 경험하는 세계보다 더 마음을 끌지 않겠는가?

이런 반대에 대응하는 한 가지 방법은 공리주의를 일반적으로 소극적 공리주의(negative utilitarianism)라고 알려진 입장으로 수정하는 것이다. 소극적 공리주의의 근본 원리는, 모든 상황에서 최선의 행위는 최대 다수에게 불행에 대한 행복의 최대 차이를 낳는 행위가 아니라, 오히려 불행의 전체량의 최소치를 낳는 행위이다.

예를 들어 어떤 부유한 공리주의자가 자신의 재산을 가난하고 중병으로 크게 고통받는 사람에게, 즉 그 부자의 자선으로 커다란 도움을 얻을 그런 사람에게 줄 것인지, 아니면 적당하게 행복한 수천 명의 사람들에게, 즉 그 부자의 자선으로 그들의 행복에 저마다 조금씩 보탬을 얻을 그런 사람들에게 골고루 나누어줄 것인지 고심한다고 하자. 보통의 공리주의자는 어떤 행위가 최대 다수의 사람들에게 고통에 대한 쾌락의 최대 차이를 낳는 행위인지 헤아릴 것이다.

소극적 공리주의자는 오직 고통의 최소화에만 관심을 가진다. 그러므로 보통의 공리주의자는 수천 명의 적당히 행복한 사람들에게 재산을 골고루 나누어주기 쉬운 반면, 소극적 공리주의자는 심하게 병든 사람에게 돈을 주어 고통을 최소화시키고자 할 것이다.

그렇지만 이러한 소극적 공리주의 역시 보통의 공리주의가 가지는 행복(또는 불행) 계산의 난점들을 여전히 갖고 있다.

비판. 모든 생명을 절멸시킬 수도 있다

이 세상의 모든 고통을 없애는 최선의 방법은 모든 감성있는 생명들을 없애버리는 일일 것이다. 만일 고통을 느낄 수 있는 생물들이 없다면, 고통도 더 이상 없을 것이기 때문이다. 만일 고통없이 — 아마도 엄청난 원자 폭탄을 터트림으로써 — 이렇게 하는 것이 가능하다면, 소극적 공리주의의 원리상 이것은 도덕적으로 옳은 행위일 것이다.

심지어 이런 과정에서 일정량의 고통이 야기될지라도, 이것은 아마도 고통의 완전 제거라는 장기적 이득에 비하면 하찮은 일일 것이다.

그러나 이러한 결론은 받아들이기 힘들다. 적어도 소극적 공리주의는 이러한 결론을 피하는 쪽으로 재조정되어야 할 필요가 있다.

규칙 공리주의

　보통의(또는 행위 공리주의로 알려진) 공리주의가 가진 많은 부적절한 결론들에 대한 반대를 우회하는 한 가지 길로서 몇몇 철학자들은 규칙 공리주의(rule utilitarianism)로 알려진 수정된 이론을 제안했다. 이것은 행위 공리주의(act utilitarianism)의 가장 좋은 요소들과 의무론적 윤리학의 가장 좋은 요소들을 결합시키려는 시도로 여겨진다.

　규칙 공리주의자들은 행위의 결과들을 저마다 따로 평가하기보다는 최대 다수의 최대 행복을 낳는 경향이 있는 행위 유형들에 대한 일반 규칙들을 채택한다. 예를 들어 일반적으로 죄없는 사람을 처벌하는 것은 행복보다는 불행을 결과하기에, 규칙 공리주의는 '결코 죄없는 사람을 벌주지 말라'는 규칙을 채택한다. 비록 죄없는 사람을 벌주는 것이—이것이 폭력 범죄에 대한 효과적인 억제책으로 작용할 경우처럼—결과적으로 행복을 낮게 되는 특수한 사례들이 있을지라도 말이다. 이와 마찬가지 이유에서 규칙 공리주의자는 약속지키기를 옹호할 것이다. 이것이 일반적으로 불행보다 행복을 크게 하기 때문이다.

　규칙 공리주의는 커다란 실천적 이점을 가진다. 즉 이것은 당신이 도덕적 결정을 해야 할 상황에 직면할 때 그때마다 복잡한 계산을 해야 할 필요를 없애준다. 그러나 당신이 약속을 지키기보다는 어기는 데서 더 큰 행복이 결과한다는 것을 '아는' 상황에서 그리고 당신의 기본적인 도덕적 성향이 공리주의적 관점을 따른다면, 이 개별적 경우의 이점을 취하기보다 규칙에 매달리는 것은 별난 행위일 듯싶다.

덕에 관하여

덕론(德論, Virtue theory)은 대체로 아리스토텔레스의 『니코마코스 윤리학』에 기초하고 있으며, 따라서 때때로 네오 - 아리스토텔레스주의('네오'는 '새로운'을 의미한다. 즉 신아리스토텔레스주의)로 알려져 있다. 덕 이론가들은 통상, 특정 행위들의 옳음과 그름에 집중하는 칸트주의자 및 공리주의자들과 달리 성격에 초점을 맞추며, 개인의 삶 전체에 관심을 갖는다. 덕 이론가들이 묻는 중심 물음은 '나는 어떻게 살아야 하는가?'이다. 이들이 제시하는 답은 '덕을 쌓으라'는 것이다. 오직 덕을 쌓음으로써만 당신은 인간으로서 잘 살아갈 것이다.

누구나 잘 살기를 원한다

아리스토텔레스에 따르면, 모든 사람은 '잘 살기(flourishing)'를 원한다. '잘 살기'에 해당하는 그리스어는 '에우다이모니아 (eudaimonia)'이다. 이것은 때때로 '행복'으로 번역되지만, 이런 번역은 혼동을 일으킬 수 있다. 왜냐하면 아리스토텔레스는 에우다이모니아를 성취하지 않고도 커다란 육체적 쾌락을 경험할 수 있다고 믿었기 때문이다. 에우다이모니아는 전체 삶에 적용되지, 수시로 느끼는 특정한 상태들에는 적용되지 않는다. 아마도 '진정한 행복'이 더 좋은 번역일지 모른다. 그렇지만 이 말은 자칫하면 에우다이모니아가 마치 당신이 도달하는 마음의 즐거운 상태인 듯이 여기게 만들 우려가 있다. 이것의 제대로 된 뜻은 당신의 삶을 성공적으로 살아가기 위한 방식인데도 말이다. 아리스토텔레스는 어떤 삶의 방식은 '잘 살기'를 촉진시킨다고 믿는다. 마치 체리나무를 보살피는 특정한 방식들이 이것을 자라고, 꽃피우고, 열매맺게 해주듯이 말이다.

덕이란 무엇인가

아리스토텔레스는 덕을 쌓는 것이 인간 존재로서 '잘 사는' 한 가지 방식이라고 주장했다. 그런데 덕이란 무엇인가? 그것은 특정 유형의 행위와 느낌이다. 즉 적절한 상황에서 특정한 방식으로 행위하고, 욕구하고, 느끼는 경향이다. 칸트와 달리, 아리스토텔레스는 적절한 감정을 경험하는 것은 좋은 삶을 살아가는 능력에 핵심적이라고 생각했다. 또한 덕은 당신이 처한 상황에 적절히 대응하는 일에 관련된 지성적 판단을 포함한다. 그것은 사고 없는 습관은 아닌 것이다.

관대함(generosity)의 덕을 가진 사람은 적절한 상황에서 관대한 방식으로 느끼고 행위한다. 이것은 그러한 상황과 대응이 적절한 것이라는 판단을 포함할 것이다. 만일 착한 사마리아 사람의 상황에 처한다면, 덕있는 사람은 길가에 버려진 사람에 대해 동정을 느끼고 그에게 선행을 베푸는 방식으로 행위할 것이다. 어떤 사마리아 사람이 자신의 미래 이득을 계산하여 그 희생자를 도왔다면, 그는 덕에 따라 행위한 것이 아니다. 관대함이란 자기 이익에 대한 고려없이 베푸는 것을 의미하기 때문이다. 만일 강도들이 그 불행한 희생자를 공격하고 있을 때 한 사마리아 사람이 거기에 도착했다면 그리고 그가 용기의 덕을 가지고 있었다면, 그는 두려움을 이겨내고 강도들에 대항했을 것이다. 용기 있음의 한 가지 의미는 두려움을 극복하는 능력이 있음이다.

관대함이나 용기 같은 덕들은 모든 인간이 잘 살아가기 위해서 필요한 덕들이다. 이 말은 마치 덕있는 개인은 온갖 덕들이 들어 있는 서류가방에서 자신이 개발하기를 원하는 덕들을 끄집어내서 선택할 수 있는 듯이, 또는 어떤 한 가지 덕을 심도있게 갖춘 사람이 덕있는 사람일 수 있는 듯이 들린다. 그러나 이것은 오해이다. 아리스토텔레스가 보기에 덕있는 사람은 모든 덕들을 조화롭게 갖춘 사람이다. 덕들은 유덕한 사람의 삶이라는 피륙을 이루는 날실과 씨실이다.

비판 1. 어떤 덕을 채택해야 하는가

덕론이 가진 큰 어려움은 어떤 유형의 행위, 욕구, 느낌을 덕으로 간주해야 하는지를 확립하는 일이다. 덕 이론가들의 답은 '한 인간이 잘 살기 위해 필요한 것들'이다. 그러나 이것은 실제로는 별로 도움이 못 된다. 덕 이론가들은 때때로 인자함, 정직함, 용기, 관용, 충성 등과 같은 덕들의 목록을 제시한다. 이들은 또한 이것들을 어느 정도 상세히 분석하기도 한다. 그러나 이 이론가들의 목록들이 완벽하게 일치하지는 않기에, 무엇이 목록에 포함되어야 하는지에 대해서는 논란의 여지가 남는다. 그리고 어떤 근거에서 어떤 것이 덕으로 지명되어야 하는지가 늘 명확한 것은 아니다.

위험스런 요소는 덕 이론가들은 단순히 자신들의 편견들 및 자신들의 선호하는 삶의 방식들을 덕으로 그리고 자신들이 싫어하는 활동들을 악덕으로 재정의한다는 데 있다. 훌륭한 음식과 와인을 좋아하는 사람은 혀 끝의 정교한 자극을 인간으로서 바람직한 삶의 본질적 부분이라고, 그리하여 훌륭한 음식과 와인을 사랑하는 사람이 되는 것이 덕이라고 선언할지도 모른다. 어떤 일부일처주의자는 한 명의 섹스 상대자에 대한 충실함을 덕이라고 선언할 수도 있다. 차별없는 섹스를 주장하는 사람은 성의 독립성이라는 덕을 옹호하는 논리를 펼 수도 있다. 결국 덕론은 하나의 지적인 연막으로, 그 뒤에 여러 편견들이 은밀히 숨겨져 있는 그런 연막으로 이용될 수 있다. 한 가지 더 지적하자면, 만일 덕 이론가 자신이 속한 사회에서 통상 덕으로 간주되는 행위, 욕구, 느낌의 방식들만을 받아들이기로 정한다면, 그 이론은 본질적으로, 도덕적인 면에서 그 사회를 변화시킬 여지가 거의 없는, 보수적인 이론이 되어버릴 것이다.

비판 2. 인간 본성을 가정한다.

덕론에 대한 또 하나의 비판은 그것이 인간 본성과 같은 것이 존재한다고, 따라서 모든 인간에게 적합한 행위나 느낌의 몇몇 일반적인 유형들이 존재한다는 것을 전제한다는 데 있다. 그러나 이러한 견해는 많은 철학자들에 의해 도전받았다. 이들은 인간 본성이 존재한다고 가정하는 것은 심각한 오류라고 생각한다. 이러한 문제는 '자연주의'를 논의하면서 다시 다룰 것이다.

4. 옳음과 그름의 의미는 무엇인가

우리가 지금까지 검토했던 두 가지 유형의 윤리이론, 즉 의무에 기초한 이론과 결과론적 이론은 일차 이론들(first order theories)의 예이다. 이것들은 우리는 어떻게 행위해야 하는지에 관한 이론들이다. 도덕철학자들은 또한 이차 물음들(second order questions)에도 관심을 가지고 있다. 이것은 우리가 무엇을 마땅히 해야 하는가에 관한 것이 아니라 윤리이론들의 지위에 관한 물음들이다. 윤리이론들에 관한 이러한 이론화는 보통 메타 윤리학이라고 알려져 있다. 전형적인 메타 윤리이론은 "도덕적 맥락에서 '옳다'고 말하는 것의 의미는 과연 무엇인가?"에 관해 묻는다. 나는 여기서 두 가지 메타 윤리이론들을 고찰할 것이다. 윤리적 자연주의(ethical naturalism)와 이모티비즘(emotivism)이 그것이다.

자연주의

20세기에 들어와서 가장 널리 논의되는 메타 윤리학적 물음들 가운데 하나가 소위 자연주의적 윤리이론이라 불리는 것이 받아들여질 수 있느냐 하는 것이다. 자연주의적 윤리이론이란 윤리적 판단을 공리주의에서 그러한 것처럼 과학적으로 발견 가능한 사실들—종종 인간 본성에 관한 사실들—에서 직접 이끌어낼 수 있다는 가정에 기초한 이론을 말한다.

공리주의 윤리학은 인간 본성에 관한 기술로부터 우리는 어떻게 행위해야 하느냐에 관한 견해로 나아간다. 이상적으로 보면, 공리주의는 옳음과 그름이 무엇인지를 보이기 위하여 사람들 저마다의 행복의 질과 양을 과학적으로 측정하는 방식을 사용한다. 이와 대조적으로 칸트 윤리학은 인간의 심리학에 그다지 밀접하게 연관되어 있지 않다. 우리의 정언적 의무는 심리학적이 아닌 논리적 고찰로부터 이끌어져 나오는 것이다.

비판 1. 사실로부터 가치를 이끌어낼 수 없다

많은 철학자들은 모든 자연주의 윤리이론들이 오류에 기초하고 있다고 믿는다. 사실과 가치가 근본적으로 서로 다른 종류의 것들임을 깨닫는 데 실패했다는 것이다. 자연주의에 반대하는 사람들 ─ 반자연주의자들 ─ 은 그 어떤 사실 기술도 결코 그것만으로 가치 판단에 도달하지 못한다고 주장한다. 즉 추가적인 논증이 언제나 요구된다는 것이다. 이것이 흄의 법칙(Hume's Law)이라고 알려져 있는 것이다. 흄이 도덕철학자들은 종종 추가적인 논증 없이 '이다(what is)'에 관한 논의에서 '이어야 한다(what ought to be)'의 논의로 나아간다는 사실을 최초로 지적한 이래 그렇게 불린다.

반자연주의자들은 사실에서 가치로, '이다(is)'에서 '이어야 한다(ought)'로 매끄럽게 나아가는 데 필요한 추가적인 논증을 제시하는 것은 불가능하다고 주장한다. 사실과 가치는 서로 다른 영역이며, 인간의 행복과 도덕적 가치 사이의 논리적 연관 같은 것은 존재하지 않는다는 것이다. 무어(G. E. Moore, 1873 ~1958)의 뒤를 이어 반자연주의자들은 사실에 기초하여 가치에 대해 논증하는 식의 오류를 일컫는 말로 자연주의적 오류(Naturalistic Fallacy)라는 용어를 사용한다(오류란 나쁜 논증의 한 유형을 일컫는 말이다).

반자연주의자들이 자신들의 입장을 지지하기 위해 사용하는 한 가지 논증이 '열린 물음 논증'이라는 말로 알려져 있다.

비판 2. '그것은 과연 옳은가'라고 항상 물을 수 있다

무어에 의해 최초로 사용된 이 논증은 사실 윤리학에 관한 기존의 신념들을 더욱 더 분명하게 만드는 한 가지 방법에 불과하다. 이 논증은 우리들 대부분이 '좋다' 또는 '옳다'와 같은 도덕적 용어들에 대해 우리들이 생각하는 방식에서 이미 자연주의적 접근을 거절했다는 것을 보여주는 것이다.

그 논증은 이렇다. 먼저 어떤 윤리적 결론들이 도출되기로 되어 있는 사실언명이 있다 하자. 착한 사마리아 사람에게 가능한 모든 선택들 가운데서 강도당한 사람을 돕는 것은 최대 다수의 최대 행복을 낳는 선택이라는 사실이 그 예일 수 있다. 윤리적 자연주의의 일종인 공리주의적 분석에 따르면, 이 사실로부터 '그러므로 그 사람을 돕는 것은 도덕적으로 좋은 행위이다'라는 결론이 논리적으로 뒤따를 것이다. 그러나 열린 물음 논증 (Open Question Argument)을 사용하는 반자연주의자는 이렇게 지적할 것이다. '이런 행위는 최대 다수의 최대 행복을 산출하기 쉽지만, 그런데 그렇게 하는 것이 과연 도적적으로 옳은 것인가?'라고 묻는 데에는 아무런 논리적 모순이 없다는 것이다. 만일 앞의 자연주의가 참이라면, 그런 물음은 물을 가치가 없어야 할 것이다. 그 대답이 자명할 것이기 때문이다. 그런데 사실은 반자연주의자들이 논하듯이 그 물음은 열려진 채로 남아 있다.

반자연주의자는 동일한 종류의 물음이 그 어떤 상황에 대해서도, 즉 자연적 성질들의 기술만으로도 윤리적 결론을 이끌어낼 수 있다고 여겨지는 그 어떤 상황에 대해서도 제기될 수 있다고 주장한다. 열린 물음 논증은 반자연주의자들이 자신들의 슬로건인 "'이다'에서 '이어야 한다'는 안 된다(No 'ought' from 'is')"를 지지하는 한 가지 방식이다.

비판 3. 인간 본성이란 없다

장 폴 사르트르(Jean-Paul Sartre, 1905~1980, 그의 강의집 『실존주의와 휴머니즘』 참조)와 같은 철학자들은 자연주의 윤리학을 (적어도 도덕은 인간 본성에 관한 사실에 의해 결정된다고 주장하는 종류의 자연주의 윤리학을) 다른 각도에서 공격했다. 이들은 인간 본성과 같은 것이 존재한다고 가정하는 것은 잘못임을 논증하고자 했다.

이것은 자기 속임의 일종이라고, 즉 우리 저마다가 가진 커다란 책임을 부인하는 것이라고 그들은 말한다. 우리는 세계가 존재하는 방식을 과학적으로 기술하는 것으로부터 우리가 무엇을 행해야 하는가에 대한 문제를 해결할 수 없다. 우리는 여전히 윤리적 결정을 하도록 요구받기 때문이다.

인간의 조건 가운데 하나는 바로 우리가 우리 자신 바깥으로부터의 그 어떤 확고한 길잡이가 없이 이러한 가치 판단들을 내려야 한다는 사실이다. 윤리학에서의 자연주의는 스스로 선택해야 하는 이러한 자유에 대한 자기 속임수적인 부정이다.

반자연주의에 대한 비판 : 약속하기

존 서얼(John Searle, 1932~)은 최근에 "'이다'에서 '이어야 한다'는 안 된다"는 반자연주의적 신념에 도전했다. 「어떻게 '이다'에서 '이어야 한다'를 이끌어내는가」라는 논문에서, 그는 약속하기와 같은 어떤 실천들은 정말로 사실로부터 가치로의 이행을 포함하는 듯이 보임을 밝히고자 시도했다.

예를 들어 만일 내가 친구에게 10파운드를 주기로 약속한다면, 그것은 내가 '나는 너에게 10파운드를 주기로 약속한다'고 말하고 있는 사실이다. 그러나 진심으로 이 말을 함으로써 나는 행위를 수행해야 할 의무를 지게 된다. 만일 내가 그렇게 말한다면, 다른 상황들이 변하지 않는 한 이로부터 나는 내 친구에게 그 돈을 지불할 의무를 가진다는 결론이 뒤따른다. 그런데 내가 어떤 의무를 지닌다면, 나는 도덕의 영역으로, 즉 사실 영역이 아닌 가치 영역으로 이행한 것이 된다. 그러므로 이것은 명백히 사실에서 가치로 이행한 사례인 것이다.

그러나 이런 견해도 또한 비판에 열려 있다. 맨 처음에 약속을 함으로써 나는 이미 약속 이행을 받아들인 것이 된다는 것이다. 그러므로 나는 이미 처음부터 사실이 아닌 가치의 영역 안에 들어와 있는 것이다.

도덕적 상대주의

　서로 다른 사회의 사람들이 옳음과 그름에 관한 서로 다른 관습과 관념들을 가지고 있음은 논란의 여지 없는 사실이다. 어떤 행위가 옳고 그른지에 관해 ― 비록 상당한 부분이 중첩되기는 할지라도 ― 범세계적인 합의는 존재하지 않는다. 만일 우리가 시대와 장소에 따라 도덕적 견해들이 얼마나 크게 변천되어 왔는지를 고찰한다면, 절대적인 도덕적 사실들이란 없으며 도덕은 항상 우리가 성장한 사회에 따라 상대적이라고 하는 생각에 마음이 끌릴 것이다. 이런 견해 위에서 노예제도는 고대 그리스인들에게는 옳은 것이었지만 오늘날에는 그른 것이다. 왜냐하면 노예제도는 대부분의 고대 그리스인들에게 도덕적으로 용납되었지만 오늘날 대다수의 사람들에게는 그렇지 않기 때문이다. 도덕적 상대주의로 알려진 이런 견해에 따르면, 도덕성은 단지 특정 시대의 특정사회에서 유지되는 가치들에 대한 기술(des-cription)에 불과하다. 이것은 도덕판단의 본성에 관한 메타 윤리적 견해이다. 도덕판단은 오직 특정 사회에 대해 상대적으로만 참이거나 거짓으로 판단될 수 있다. 절대적인 도덕판단이란 존재하지 않는다. 이것들은 모두 상대적이다. 도덕적 상대주의는 어떤 행위들은 절대적으로 옳거나 그르다고 보는 견해, 예를 들어, 도덕이란 인간에 대한 신의 명령이라고 믿는 많은 사람들에 의해 유지되는 견해와 뚜렷하게 대립된다.

상대주의자들은 때때로 도덕에 대한 이러한 설명을 도덕은 상대적이고 중립적인 관점에서의 판단이란 있을 수 없기에 우리는 다른 사회의 관습들에 절대로 개입해서는 안 된다고 하는 신념과 결합시킨다. 이런 견해는 특히 인류학자들 사이에 널리 퍼져 있다. 이것의 부분적인 이유는 아마도 이들은 서구 가치의 여과 없는 수입에 의해 많은 다른 사회들이 파괴되는 것을 직접 목격했기 때문일 것이다. 도덕적 상대주의에 — 우리가 다른 사회들을 어떻게 대해야 하는지에 대해 지시해 주는 — 이러한 요소가 첨가될 때, 이것은 대개 규범적 상대주의(normative relativism)로 불리게 된다.

비판 1. 일관적이지 못하다

도덕적 상대주의자들은 때때로 비일관적이라고 비난받는다. 이들은 모든 도덕적 판단들은 상대적이라고 주장하면서, 동시에 도덕적 상대주의라는 이론 자체는 절대적으로 참이라고 믿기 때문이다. 이것은 도덕적 상대주의자이면서 동시에 진리에 관한 상대주의자, 즉 절대적 진리와 같은 것은 없으며 진리는 오직 특정 사회에 따라 상대적이라고 믿는 사람에게만 심각하게 제기되는 문제이다. 이런 종류의 상대주의자는 그 어떤 이론도 절대적으로 참이라고 주장할 수 없다.

그렇지만 규범적 상대주의자들도 분명 비일관적이라는 비난을 받을 만하다. 이들은 모든 도덕판단은 당신의 사회에 대해 상대적이며, 동시에 각 사회들은 서로에 대해 개입해서는 안 된다고 믿는다. 그런데 여기서 두번째 신념은 분명 절대적 도덕판단에, 즉 규범적 상대주의의 근본 전제와 결코 양립할 수 없는 판단에 해당한다. 이것이 규범적 상대주의가 받아야 하는 숙명적인 비판인 것이다.

비판 2. 어디까지가 사회인가

도덕적 상대주의자들은 사회라는 것을 어떻게 이해해야 할지에 대해 대개 분명하지 못하다. 예를 들어, 현대의 영국 안에는 향락적 목적으로 마약을 사용하는 것은 도덕적으로 허용될 수 있다고 믿는 소수문화 집단이 분명히 존재한다. 이런 소수문화의 구성원들은 독자적 사회를 구성할 수 있으며, 그리하여 다른 문화들로부터의 비판에서 면제되어 자기들 나름의 도덕을 가질 수 있다는 주장에 대해 상대주의자는 과연 어느 선까지 인정할 준비가 되어 있는가? 이러한 물음에 대한 명백한 대답은 아직 없다.

비판 3. 사회의 가치에 대한 어떠한 도덕적 비판도 불가능하다

설령 앞의 비판을 물리칠 수 있다 하더라도, 도덕적 상대주의는 더 큰 난점에 부딪친다. 그 입장은 사회의 중심이 되는 가치들에 대한 도덕적 비판의 가능성을 열어놓지 않는 듯이 보인다. 만일 도덕적 판단들이 특정 사회의 중심 가치들로 정의된다면, 이러한 중심 가치들에 반대하는 그 어떤 비판가도 이것들에 반대하는 도덕적 논증들을 사용할 수 없다. 여자는 그 누구도 투표가 허용되어서는 안 된다는 견해가 지배적인 어떤 사회에서, 여성 참정권을 옹호하는 사람은 누구든 그 사회의 가치들에 준한다면 (상대적인) 비도덕적인 어떤 것을 제안하는 것이 될 것이다.

이모티비즘

또 다른 중요한 메타 윤리이론은 이모티비즘(emotivism) 또는 비인식설(non-cognitivism)로 알려져 있다. 이모티비즘을 내세우는 사람들 가운데 한 사람인 에이어(A. J. Ayer, 1910~1988)는 『언어, 진리 그리고 논리』 6장에서 모든 윤리적 언명은 사실상 무의미하다고 주장한다. 이런 언명들은 전혀 아무런 사실들도 말해 주지 않는다. 이것들이 표현하고 있는 것은 말하는 사람의 감정이다. 도덕판단은 말로서는 전혀 의미가 없고, 다만 투덜거림, 한숨지음, 또는 웃음과 같은 감정의 표현들에 지나지 않는다.

그러므로 어떤 사람이 '고문은 그르다' 또는 '너는 진실을 말해야 한다'고 말할 때, 그는 자신이 고문이나 진실 말하기에 대해 어떻게 느끼고 있는지를 표명하고 있을 뿐이다. 그가 말하는 것은 참도 거짓도 아니다. 그것은 고문에 관한 이야기가 나오면 '우!' 하고 야유하고, 진실 말하기가 나오면 '와!' 하고 환호하는 식의 외치기와 다를 바 없다. 사실 이런 이유에서 이모티비즘은 때때로 '우/와 이론'이라고 불린다.

어떤 사람이 '우!' 또는 '와!'라고 외칠 때, 그는 그저 자신의 느낌을 표현하는 것에 그치는 것이 아니라, 보통은 다른 사람들에게 자신의 느낌을 공유할 것을 부추기고 있다. 이와 꼭 마찬가지로 도덕적 언명들을 말하는 이는 이를 통해 다른 사람들이 특정 문제에 대해 같은 방식으로 생각하도록 설득하고자 한다.

비판 1. 도덕적 논증이 불가능하다

이모티비즘에 대한 한 가지 비판은 만일 이것이 참이라면 도덕적 논증은 불가능할 것이라는 비판이다. 도덕적 논증에 가장 가까운 것은 기껏해야 두 사람이 서로 자기 감정을 표현하는 일일 것이다. 한명은 '우!' 하고 외치고 다른 한명은 '와!' 하고 외치는 일이 전부이다. 그러나 일반적으로 주장되는 바에 따르면, 우리는 엄연히 도덕적 문제들에 대해 심각한 논의를 한다. 그러므로 이모티비즘은 틀렸음이 확실하다.

그러나 이모티비스트는 이런 비판을 자신의 이론에 대한 위협으로 인정하지 않을 것이다. 많은 다른 종류의 논증들이 이른바 도덕적 논의에 사용된다. 예를 들어 요청에 의한 임신중절이 도덕적으로 용납될 수 있는지에 관한 실천 윤리적 문제를 논의할 때, 논의의 요점은 사실 문제에 있을 수 있다. 즉 몇 개월이

지나야 태아가 자궁 밖에서도 생존할 수 있느냐의 문제가 논의 대상일 수 있다. 이것은 과학적 문제이지 윤리적 문제는 아닐 것이다. 또는 이와 달리 명백한 윤리적 논의에 참여하고 있는 사람들일지라도 '옳다' '그르다' '책임' 등과 같은 윤리적 용어의 정의에만 관여하고 있을 수도 있다. 이모티비스트들은 이런 논의는 유의미하다고 인정할 것이다. 순전히 감정의 표현인 것은 오직 '사람을 죽이는 것은 그르다'와 같은 진정한 도덕판단들뿐이다.

그러므로 이모티비스트는 도덕적 문제에 관한 몇몇 의미있는 논의가 현실적으로 일어난다는 데에는 동의하지만, 참가자들이 도덕판단을 내릴 때 그 논의는 무의미한 감정 표현이 되어버린다고 주장할 것이다.

비판 2. 사회를 무너뜨릴 수도 있다

이모티비즘에 대한 두번째 비판은 비록 이 입장이 참이라 해도, 이것은 위험한 결과를 낳기 쉽다는 것이다. 즉, 만일 모든 사람이 '살인은 그르다'와 같은 언명이 그저 '살인? 으악'이라고 말하는 것과 같은 뜻이라고 믿게 된다면, 사회는 무너져버릴 것이라는 것이다.

도덕판단은 모든 사람에게 적용된다는 — 다시 말해 초개인적이다라는 — 칸트식의 견해는 개인들이 일반적으로 수용되는 도덕률을 지킬 좋은 이유들을 제공한다. 그러나 만일 우리가 도덕판단을 내리는 것이 기껏해야 우리의 감정 표현에 지나지 않다면, 우리가 어떤 도덕판단을 내리는가 하는 문제는 그리 중요한 것 같지 않다. 그것이 어쨌든 느낌에 불과하다면, 우리는 '어린 아이들을 고문하는 것은 옳다'고 말할 수도 있기 때문이다. 이렇게 말한다 해도 아무도 이런 판단에 대해 심각한 도덕적 논증을 시도할 수 없을 것이다. 그들이 할 수 있는 것은 기껏해야 그 문제에 대해 자기 자신들의 도덕적 느낌을 표현하는 것뿐이다.

그러나 이것은 진정한 의미에서 이모티비즘에 반대하는 논증은 못 된다. 이것은 그 이론을 직접적으로 위태롭게 하지는 않기 때문이다. 이것은 그저 이모티비즘이 참인 것으로 널리 받아들여지는 것에 대한 사회적 위험성을 지적하는 것이며, 이모티비즘이 참인지 아닌지와는 별개의 문제인 것이다.

응용 윤리학

앞에서 살펴본 의무론적 윤리설과 결과론적 윤리설은 윤리이론의 전부는 아니지만 가장 중요한 두 가지 이론인 것은 사실이다. 이제 현실적으로 어떻게 철학자들이 자신들의 이론들을 상상적 도덕 결정이 아니라 실제의 도덕 결정에 적용하는지 살펴보자. 이런 탐구는 실천 윤리학(practical ethics) 또는 응용 윤리학(applied ethics)으로 알려져 있다. 응용 윤리학에 관련된 고찰들을 설명하기 위하여 우리는 한 가지 윤리적 문제, 즉 안락사 또는 자비로운 죽임의 문제에 초점을 맞출 것이다.

안락사 문제

안락사(euthanasia)는 보통 자비로운 죽임(mercy killing)으로 정의된다. 안락사가 정당한가 아닌가 하는 문제는 통상 아주 늙은 사람 및 고질 병자, 특히 고통을 심하게 겪는 병자와 관련하여 제기된다. 예를 들어 만일 어떤 사람이 고통을 겪고 있고 가치있는 삶을 살 가망이 전혀 없을 때, 그의 생명을 지탱해 주는 기계의 스위치를 꺼버리는 것 또는 심지어 극약을 투여하는 것은 도덕적으로 용납될 수 있는가? 이것은 실제적인 윤리문제, 즉 의사들이 자주 접하는 문제이다.

대부분의 응용 윤리학이 그렇듯이 안락사와 관련되어 생기는 철학적 물음들이 모두 다 윤리적 물음들인 것은 아니다. 먼저 안락사의 유형들 사이에 많은 중요한 구별이 있음을 지적함으로써 시작해 보자. 첫째로 자의적 안락사(voluntary euthanasia)가 있다. 환자가 죽기를 바라고 그 바람을 겉으로 표시하는 경우가 그것이다. 이런 죽임은 일종의 도움받은 자살의 형태에 해당한다. 둘째로 타의적 안락사(involuntary euthanasia)가 있다. 환자는 죽기를 바라지 않지만 이런 바람이 무시되는 경우가 그것이다. 이것은 많은 경우에 살인과 같은 것이다. 셋째로 비자의적 안락사(non-voluntary euthanasia : 자의와 무관한 안락사)가 있다. 환자가 의식이 없는 상태이거나 자기 의사를 표명할 수 없는 상태에 있는 경우가 그것이다. 여기서 우리는 자의적 안락사의 도덕성 문제에만 집중할 것이다.

한 개인이 채택하는 일반적 윤리이론이 개별적 문제들에 대한 대응을 결정함은 명백하다. 그러므로 안락사 문제에 대해서도 이 장의 앞부분에서 개괄한 의무에 기초한 윤리이론을 채택하는 기독교인은 존 스튜어트 밀의 결과주의적 이론, 즉 공리주의를 채택하는 사람과는 다른 방식으로 답할 것이다. 기독교인은 자의적 안락사의 도덕적 정당성을 의심하기 쉬울 것이다. 그것은 '사람을 죽이지 말라'는 십계명에 위배되는 듯하기 때문이다. 그러나 사정은 이처럼 간단하지 않을 수 있다. 앞의 십계명과 '네 이웃을 사랑하라'는 신약의 계명 사이에 충돌이 있을 수 있다. 만일 어떤 사람이 큰 고통을 받고 있다면, 그래서 죽기를 원한다면, 그의 삶을 마감하도록 돕는 것은 사랑의 행위일 수 있다. 기독교인은 이 두 가지 계명 가운데 어느 것이 더 강력한지를 결정해야 하고, 이 결정에 따라 실행해야 할 것이다.

마찬가지로 칸트의 윤리이론을 채택한 사람은 죽이지 않는 것을 의무라고 느낄 수 있다. 사람을 죽이는 것은 '우리는 다른 사람들의 인간성을 존중하여 그 자신들의 목적으로 대해야 하며, 결코 목적을 위한 수단으로 대해서는 안 된다'는 칸트의 견해에 대립되는 듯이 보일 것이다. 그러나 자의적 안락사의 경우에 이와 동일한 정언명법이 한편으로 어떤 이의 삶을 마감시키는 일을 지지하는 도덕적 정당화를 제공할 수 있다. 만일 그것이 환자가 원하는 것이고, 도움을 받지 않고는 행할 수 없다면 말이다.

공리주의자는 문제를 전혀 다른 관점에서 볼 것이다. 공리주의자에게 어려움은 의무들 사이의 갈등에 있다기보다는 오히려 다양한 행위의 가능한 결과들을 어떻게 셈하느냐에 있다. 어느 쪽의 행위이든 대다수 사람들을 위한 행복의 최대량을, 적어도 불행에 대한 행복의 최대 차이를 결과하는 것이 도덕적으로 옳은 행위가 될 것이다. 공리주의자는 환자를 위한 결과를 고려할 것이다. 만일 환자가 삶을 계속하고자 한다면, 그는 커다란 고통을 겪을 것이며, 어쨌든 곧 죽을지도 모른다. 만일 환자가 안락사를 원한다면 고통은 멈출 것이지만 행복의 가능성도 마찬가지로 멈출 것이다. 그러나 이것들만이 유일한 고려 대상은 아니다. 수많은 부수적 결과들이 있다. 예를 들어 안락사에 의한 환자의 죽음은 그 환자의 친척들에게 큰 슬픔을 일으킬 수도 있다. 또한 안락사의 시행은 법을 어기는 일이 될 수도 있으며, 따라서 환자가 죽도록 도와준 사람은 기소될 위험에 빠질 수도 있다. 이것은 또한 일반적인 범법의 도덕성 문제를 일으키기도 한다.

안락사 시행의 또 다른 부작용은 이것이 사악한 의사들이 자의적 안락사라는 미명 아래 환자를 죽이는 일을 쉽게 만들지 모른다는 데 있다.. 모든 종류의 안락사를 반대하는 사람들은 종종 히틀러의 대량학살 기술이 처음에는 타의적 안락사 프로그램의 일환으로 시도되었다는 사실을 지적한다. 아마도 모든 개인들이 자의적 안락사를 시행한다면, 이 사실로 인해 타의적 안락사 정책을 도입하기가 쉬워질 것이다. 공리주의자라면 어떤 특정한 안락사 행위가 도덕적으로 정당화되는지를 결정하기 위해 이런 가능한 결과들을 꼼꼼히 저울질해 보아야 할 것이다.

실천 윤리의 문제에 관한 이러한 짤막한 논의가 보여주듯이 우리가 무엇을 해야 하는지에 대한 손쉬운 답변이란 거의 없다. 그러면서도 빈번히 우리는 도덕적 판단을 행하도록 요구받는다.

오늘날 공학과 유전학의 발전은 삶과 죽음에 관한 새로운 윤리적 물음들을 끊임없이 제기하고 있다. 의학에서 시험관 수정 기술 및 유전공학의 발전은 공학적 진일보이기도 하지만 그만큼 어려운 윤리적 문제를 제기하기도 한다. 상상하지 못할 규모의 개인 정보를 검색할 수 있고 이것에 접근할 수 있게 해주는 컴퓨터 과학분야에서의 발전 역시 마찬가지이다. 에이즈 전염병은 이 질병에 대한 강제 검사가 허용되어야 하는 시기를 둘러싸고 광범위한 윤리적 물음들을 초래했다.

이런 문제들에 대해 어떠한 접근들이 가능한지를 명료하게 해주는 일은 그저 보조적인 일에 그칠 수 있다. 윤리적 결정들은 우리가 처리해야 할 것 중 가장 어려우면서도 가장 중요한 것들이라는 사실은 여전히 남는다. 우리의 선택에 대한 책임은 궁극적으로 우리들 각자에게 있는 것이다.

결론

이 짧막한 논의에서 볼 수 있듯이, 도덕철학은 철학에서도 광대하고 복잡한 영역이다. 전후 영미 철학자들은 메타 윤리적 문제에 초점을 맞추는 경향을 보여왔다. 그러나 최근에 이르러 그들은 안락사, 임신중절, 태아 연구, 동물 실험 등등의 주제들에 관한 실천 윤리의 문제들로 관심을 돌렸다. 철학은 이런 도덕적 문제들에 손쉬운 답변을 제공하지는 못하지만, 그래도 그런 문

제들이 알기 쉽게 논의될 수 있는 구조틀 및 어휘를 제공해 주
기는 한다.

더 읽을 책들

노먼의 『도덕철학자들』(Richard Norman, *The Moral Philoso-phers*, Oxford : Clarendon Press, 1983)은 윤리학사에 대한 훌륭
한 입문서이다. 이것은 또한 이 책을 읽기 위한 자세한 제안들
을 포함하고 있다. 가장 좋은 공리주의 입문서는 글로버가 편집
한 『공리주의와 그 비판가들』(Jonathan Glover, *Utilitariannism
and Its Critics*, New York : Macmillan, 1990)이다. 이 책은 벤담
과 밀의 가장 중요한 글로부터 발췌한 것들과 더불어, 공리주의
와 그 변형된 이론들에 관한 더욱 최근의 연구를 포함하고 있
다. 어떤 내용은 너무 어렵지만, 각 절마다 붙어 있는 글로버의
소개글은 매우 유용하다.

응용 윤리학의 주제들에 관해서는 글로버의 『죽이기와 살리
기』(Jonathon Glover, *Causing Death and Saving Lives*, London :
Penguin, 1977)와 싱어의 『실천 윤리학』(Peter Singer, *Practical
Ethics*, Cambridge : Cambridge University Press, 1980)이 재미있
으면서도 쉽게 쓰여졌다. 싱어가 편집한 『응용윤리』(Peter
Singer, *Applied Ethics*, Oxford : Oxford University Press, 1986)는

훌륭한 논문집이다. 개방 대학 코스 A310(「Life and Death」)에
서는 자살, 안락사, 임신중절, 사형에 관한 윤리적 문제들을 상
세히 다룬다. 이 코스에 관한 자세한 정보는 중앙 문의 서비스
(주소 : the Central Enquiry Service, The Open University, PO Box
200, Milton Keynes, MK7 6YZ, U. K.)에서 얻을 수 있다.

맥키의 『윤리학 : 옳음과 그름 만들기』(J. L. Mackie, *Ethics :
Inventing Right and Wrong*, London : Penguin, 1977)와 워녹의
『현대도덕철학』(G. J. Warnock, *Contemporary Moral philosophy*,
London : Macmillan, 1967)은 읽기가 쉽지는 않지만 읽을 가치가
있는 도덕철학 입문서들이다.

5. 자유와 평등은 어떻게 성취할 수 있는가

평등이란 무엇인가? 자유란 무엇인가? 이것들은 추구할 만한 목표들인가? 이것들은 어떻게 성취될 수 있는가? 법을 어긴 자의 자유를 제한하는 것은 어떻게 정당화될 수 있는가? 당신이 법을 어겨야만 하는 상황은 없는가? 이런 물음들은 어느 누구에게나 중요하다. 정치철학자들은 이 물음들을 명료화하고 또한 이것들에 답하고자 시도해 왔다. 정치철학은 윤리학, 경제학, 정치학 및 사상사와 중첩되는 거대한 주제이다. 정치철학자들은 보통 자신들이 처한 정치적 상황에 대응해서 글을 쓴다. 다른 분야보다도 이 분야의 철학적 논증들을 이해하기 위해서 중요한 것은 역사적 배경에 관한 지식이다. 이 짧막한 책에서 역사적 배경설명을 위한 여지가 없음은 분명하다. 사상사에 관심있는 사람들을 위해서 이 장의 끝에 덧붙힌 더 읽어볼 책들이 유용할 것이다.

이 장에서 나는 정치에 관한 중심 개념인 평등, 민주주의, 자유, 처벌 및 시민 불복종에 초점을 맞추어 이것들이 제기하는 철학적 문제들을 검토하겠다.

평등

평등은 흔히 정치의 최종 목표, 즉 추구할 만한 이상으로 제시된다. 각종 형태의 평등을 지지하는 사람들은 평등주의자(egalitarian)라고 알려져 있다. 이러한 평등을 성취하려는 동기는 대개 도덕적이다. 즉 이것은 우리는 모두 신의 관점에서 평등하다고 하는 기독교적 신념에, 모든 인격의 존중이라는 평등의 합리성에 대한 칸트적 신념에, 또는 아마도 사람을 동등하게 대우하는 것이 행복을 최대화하는 최선의 길이라고 믿는 공리주의적 신념에 근거를 둘 수 있다. 평등주의자들은 정부는 도덕적 평등의 인식에 기초해서 통치권 내에 있는 사람들의 삶 속에 그러한 평등을 제공하는 정책을 실행하고자 노력해야 한다고 논한다.

그러나 '평등'을 어떻게 이해해야 하는가? 명백하게 인간은 모든 면에서 같을 수는 없다. 각각의 개인은 지능, 미모, 체력, 키, 모발의 색깔, 출생지, 옷 입는 취향 등 많은 면에서 다르다. 따라서 사람들은 모든 면에서 절대적으로 동등하다고 주장하는 것은 어리석은 짓일 것이다. 완전한 균등(uniformity)은 거의 호소력이 없다. 복제인간들로 채워진 세상이 평등주의자들이 제안하는 세상일 수는 없다. 그렇지만 평등을 완전한 균등으로 해석하는 것이 명백한 부조리인데도 평등주의를 비판하는 몇몇 반대자들은 이것을 계속해서 이런 식으로 묘사한다.

이는 허수아비 세우기(setting up a straw man)의 일례이다. 즉 물리치기 쉬운 표적을 날조하는 예이다. 이들은 사람들의 서로 다른 측면들을 지적함으로써 또는 설령 근접된 균등이 성취되더라도 사람들은 아주 빠르게 이전의 상태로 되돌아갈 것이라고 지적함으로써 평등주의를 반박했다고 생각한다. 그러나 이러한 공격은 그 이론의 왜곡된 형태에 대해서만 성공적일 수 있으며, 대부분의 평등주의에는 손상을 주지 못한다.

그러므로 평등은 언제나 모든 면에서가 아니라 어떤 면에서의 평등이다. 그러므로 어떤 이가 자신을 평등주의자라고 선언할 때, 그가 실제로 무엇을 의도하고 있는지를 알아내는 것이 중요하다. 다시 말해, 정치적 맥락에서 사용되는 '평등'은 무엇이 그리고 어떤 사람들에게 더 평등하게 나누어져야 하는지에 관한 설명이 없이는 대개 의미가 없다. 평등주의자들이 평등하게 또는 더욱 평등하게 분배해야 한다고 주장하는 것들에는 대체로 돈, 고용의 기회 및 정치적 권한이 있다. 비록 사람들의 취향은 크게 다를지라도, 이런 것들은 삶을 가치있고 즐겁게 만드는 데 크게 기여할 수 있다. 이런 것들을 더 평등하게 분배하는 것은 모든 인간 존중의 평등을 실현하는 길이다.

모두가 똑같은 재산을 소유해야 한다

극단적 평등주의자는 돈은 모든 성인들에게 동등하게 분배되어야 한다고, 즉 모든 사람이 정확히 같은 수입을 가져야 한다고 주장할 수 있다. 대부분의 사회에서 돈은 사람들이 살아가는 데 필수적이다. 돈이 없이는 의식주를 해결할 수 없다. 재분배는 행복의 최대화와 고통의 최소화를 꾀하는 최선의 방법으로서 공리주의적 근거 위에서 정당화될 수 있다.

비판 1. 비실제적이며 일시적이다

돈의 평등 분배가 이루어질 수 없는 목적임은 매우 자명하다. 한 도시 안에서 돈을 평등하게 분배하는 현실적 어려움은 엄청날 것이다. 모든 성인들에게 돈을 평등하게 분배하는 것 역시 규모상에서 엄청난 일일 것이다. 따라서 현실적으로 이런 종류의 평등주의자가 기대할 수 있는 최선의 것은 아마도 모든 성인들에게 제공되는 급료를 제한함으로써 돈을 더욱 평등하게 분배하는 일일 것이다.

그러나 설령 우리가 부의 평등 분배에 거의 근접할 수 있다 해도, 이것은 오래가지 못할 것이다. 서로 다른 사람들이 서로 다른 방식으로 돈을 쓸 것이다. 영리한 사람, 속이는 사람 및 힘센 사람이 재빨리 약한 사람, 어리석은 사람 및 무지한 사람의 부를 취할 것이다. 어떤 사람은 자신의 돈을 탕진할 것이며, 어떤 사람은 돈을 모을 것이다. 어떤 사람은 돈이 생기자마자 도박으로 날려버릴 지도 모르며, 어떤 사람은 자신의 부를 늘리기 위해 훔칠지도 모른다. 부의 평등 분배와 같은 것을 유지하는 유일한 길은 위로부터의 강제적 개입일 것이다. 이것은 의심할 바 없이 불쾌한 사생활 침해를 포함할 것이며, 하고 싶은 것을 할 자유를 제한할 것이다.

비판 2. 저마다 다른 몫이 돌아가야 한다

돈의 평등 분배를 이룩하려는 시도에 대한 또 하나의 반대는 사람들 각자에게 이들이 한 일과 사회 기여에 따른 저마다 다른 재정적 보상이 있어야 한다는 것이다. 예를 들어, 부유한 기업 총수는 스스로에게 막대한 급료를 책정할 수 있다는 주장이 있다. 이들은 국가에 상대적으로 더 큰 기여를 하기 때문이다. 이들은 다른 사람들이 일할 수 있게 해주며 국가 전체의 전반적인 경제적 안녕을 증대시키기 때문이다.

설령 이들이 더 높은 급료를 받아야 할 이유가 없다고 하더라도, 아마도 더 높은 급료는 효율적인 직무 수행을 위한 보상책으로써 필요할 것이다. 전반적인 사회적 이익이 지출된 금액을 능가하기 때문이다. 이런 장치가 없다면 모든 사람에게 돌아가는 양은 훨씬 적을 것이다. 즉 높은 급료의 대가가 없다면 일을 할 만한 사람이라도 그 일을 맡지 않을 것이다.

여기서 우리는 평등주의자와 개인들간의 부의 커다란 불평등이 용납된다고 믿는 사람들 사이의 근본적인 차이와 마주친다. 대부분의 평등주의자들이 가지는 기본적인 신념은 개인들 사이에 부의 근소한 격차만이 용납될 수 있다는 것이며, 이러한 격차는 필요에 따른 차이와 부합할 때 이상적이라는 것이다. 이것은 돈의 평등 분배 원리에 대한 또 다른 비판을 암시한다.

비판 3. 저마다 다른 필요를 가진다

어떤 사람은 다른 사람들보다 더 많은 돈을 필요로 한다. 매일같이 비싼 치료를 받아야만 생존할 수 있는 사람은 전체 부의 평등한 분배를 추구하는 사회에서는 이 사회가 특별히 부유하지 않는 한, 오래 살아남지 못할 것이다. 개인의 필요에 기초한 분배의 방법은 재화의 평등 분배라는 목표보다는 보편적 인간성의 존중이라는 목표를 지향할 것이다.

비판 4. 재분배할 권리가 없다

어떤 철학자들은 재화의 재분배가 아무리 매력적인 목표라

할지라도 이것은 개인의 소유권을 침해할 수 있으며, 이러한 침해는 도덕적으로 그르다고 논한다. 이런 철학자들은 그러한 권리가 언제나 다른 고찰들, 즉 공리주의와 같은 것들보다 우세하다고 주장한다. 로버트 노직(Robert Nozick, 1938~)은 『무정부 상태, 국가 그리고 유토피아』에서 이런 입장을 취하면서, 합법적으로 취득된 재산을 지킬 근본 권리를 강조한다.

이런 철학자들은 이런 권리들이 정확히 무엇이며, 이것들이 어디에 근원하는지를 설명해야 할 문제를 가진다. '권리'란 말은 이들에게 법적 권리를 의미하지는 않는다. 비록 이런 권리들이 정의로운 사회에서 법적 권리와 일치하게 될지는 몰라도 말이다. 즉 법적 권리는 정부 따위의 적절한 권위체에 의해 설정된 권리이다. 그런데 현재 문제삼고 있는 권리는 법의 제정에 대해 이상적인 안내자 역할을 해야 하는 자연적 권리들이다. 어떤 철학자들은 그러한 자연권들이 있을 수 있다는 생각을 문제삼았다. 벤담은 이 개념을 '허공에 뜬 허튼 소리'라고 거절한 것으로 유명하다. 국가는 부를 재분배할 권리가 없다는 견해의 옹호자는 적어도 그렇게 상정된 자연적 소유권의 근원을 설명할 수 있어야 할 것이다. 그것의 현존을 단순히 주장하기보다는 말이다. 자연권의 옹호자들은 특히 이 부분에서 실패했다.

모두가 똑같은 고용 기회를 가져야 한다

많은 평등주의자들은 설령 부의 평등 분배는 불가능하다 할지라도 모든 사람은 평등한 기회를 가져야 한다고 믿는다. 커다란 불평등이 존재하는 한 가지 중요한 영역이 고용의 영역이다. 고용 기회의 평등은 모든 사람이 능력에 상관없이 원하는 일을 하도록 허용되어야 한다는 것을 의미하지는 않는다. 누군가 치과의사나 외과의사가 되기를 원한다면, 이들의 시력이나 손놀림이 아무리 나빠도 누구든 그렇게 되도록 허용되어야 한다는 생각은 분명 어리석다. 기회의 평등이 의미하는 바는 특정한 일에 적합한 기술과 능력을 가진 사람들 모두에 대한 평등한 기회이다. 그래도 이것은 여전히 일종의 불평등한 대우처럼 보일 수 있다. 어떤 사람은 운좋게도 다른 사람들보다 더 우월한 유전적 능력을 타고나거나 더 좋은 교육을 받을 수도 있으며, 따라서 취업 시장이라는 외면상 평등한 시합에서 이미 유리한 출발을 할 수 있기 때문이다. 그러나 고용 기회의 평등은 대개 교육 기회의 평등과 같은, 다양한 종류의 더 큰 평등을 향한 한 단계 정도로서 옹호되고 있을 뿐이다.

고용 기회의 평등에 대한 요구는 대체로 몇몇 전문직에서의 광범위한 인종 및 성 차별에서 기인한다. 평등주의자들은 관련된 자격을 갖춘 사람은 누구든 임용될 때 동등하게 고려되어야 한다고 주장한다. 그 누구도 인종적, 성적 이유로 차별받아서는 안 된다. 물론 인종과 성이 고려되는 매우 드문 경우는 예외일 것이다. 예를 들어 여성이 정액 기증자가 되는 것은 불가능하며, 따라서 이런 일에서 여성 후보자를 제외시키는 것은 기회 균등의 원리를 위배하는 것이 아닐 것이다.

어떤 평등주의자들은 더 나아가서 일자리에 응모할 때의 평등한 대우를 요구하기도 한다. 즉 이들은 특정한 직종 안에 현존하는 불균형을 제거하는 것이 중요하다고 논한다. 여성 판사에 대한 남성 판사의 수적 우세가 그 예이다. 현존하는 불균형을 시정하는 방법으로 '역차별'이라고 불리는 것이 있다.

역차별을 통해 불평등을 시정해야 한다

　역차별은 이전에 권리를 보장받지 못했던 집단에 속한 사람을 적극적으로 채용하는 것을 의미한다. 다시 말해 역차별자들은 취업 지원자들을 의도적으로 불평등하게 처리한다. 즉 그들은 지금껏 상습적으로 차별되어왔던 집단에 속한 사람들을 우대한다. 이런 방식으로 사람들을 불평등하게 다루는 것의 요점은 이런 방식이 비단 특정 직종 내에 현존하는 불균형을 제거할 뿐만 아니라, 전통적으로 혜택을 덜 받았던 집단에 속하는 젊은 사람들이 본받고 존경할 역할 모델을 제공함으로써, 더 평등한 사회로의 진행을 가속시킨다는 데 있다.

　예를 들어 영국에서는 많은 여성이 학부 때 철학을 공부하지만 대학에는 남성 철학교수가 더 많다. 역차별의 지지자는 이런 사정이 점진적으로 변화되기를 기다리기보다는 능동적으로 대처하여 대학 교수직에 여성 지원자를 우대하는 차별을 두어야 한다고 논변할 것이다. 이는 만일 남성과 여성 각 한 명이 동일한 자리에 지원하고 이들의 실력이 비슷하다면, 우리는 여성을 선택해야 한다는 것을 의미한다. 그러나 역차별의 지지자들은 대부분 한 단계 더 나아가서, 설령 여성 지원자가 남성 지원자보다 실력이 더 떨어진다 하더라도 그녀가 그 일에 관련된 직무를 수행할 능력만 있다면 우리는 남성 지원자보다는 여성 지원자를 고용해야 한다고 논변한다. 역차별은 물론 임시 조치로써 전통적으로 배척되어왔던 집단 구성원의 비율이 대략 전체 인구대 그 집단의 비율을 반영할 때까지만 채택된다. 어떤 국가에서는 이런 역차별이 불법이며, 다른 어떤 국가에서는 이것이 법으로 요구된다.

비판 1. 반평등주의적이다

역차별의 목적은 평등주의적일 수 있지만, 어떤 사람들은 이것의 성취 방식이 불공정하다고 느낀다. 확고한 평등주의자에게 고용 기회의 평등 원리는 부적합한 이유에 근거하는 그 어떤 형태의 차별도 회피해야 한다는 것을 의미한다. 지원자들을 차별적으로 취급할 유일한 근거는 이들이 일에 관련된 차별적 속성들을 가지는 데 있다. 그러나 역차별의 정당화 전체는 대부분의 일자리에서 지원자의 성, 성적 선호 또는 인종과 같은 것들은 일과 무관하다는 가정에 의존한다. 그러므로 역차별은 그 목적이 아무리 매력적이라 하더라도 근본 원리로서의 기회 균등을 지지하는 사람에게 받아들여질 수 없을 것이다.

역차별의 지지자는 이렇게 답할지 모른다. 즉 불이익을 받는 집단의 구성원들에게 현재의 상태는 역차별이 널리 실행되는 상태보다 더 불공정하다고 말이다. 다른 한편으로, 그러한 극단적 정책이 현안과 직결된 상황에서는 지원자의 인종이나 성은 현실적으로 업무 수행과 관련있는 자격조건이 될 수 있다. 왜냐하면 이런 방식으로 선택된 사람의 업무는 부분적으로 이런 업무가 이런 집단의 구성원들에 의해서도 행해질 수 있다는 것을 보여주는 역할 모델로 작용할 것이기 때문이다. 그렇지만 이런 후자의 상황이 과연 역차별의 상황인지에 대해서 논란의 여지가 있다. 즉 만일 이런 속성들이 업무와 관련있는 속성들이라면, 사람을 뽑을 때 이런 속성들을 고려하는 것은 사실은 차별의 일종이 아니며, 오히려 어떤 업무를 수행하는 데 필요한 매우 중요한 성질들의 배려일 것이다.

비판 2. 분노를 일으킬지도 모른다

비록 역차별의 목적이 취업의 기회가 더 평등하게 주어지는 사회를 만드는 것일지라도, 현실적으로 이것은 불이익을 받는 집단에 대한 더 심한 차별의 원인이 될 수도 있다. 자신이 불이익을 받는 집단에 속하지 않는다는 이유로 직장을 얻는 데 실패한 사람들은 대부분 성 및 인종상의 이유로 직장을 얻은 사람들에 대해 분노를 느낄 수 있다. 이것은 물론 고용자가 직무 수행의 무능력이 두드러지는 후보들을 고용한 경우에 생기는 특수한

문제이다. 이런 경우는 고용자들과 동료들의 편견을 더욱 악화
시킬 뿐만 아니라 결국 이렇게 고용된 지원자들이 자신이 속한
집단의 구성원들에 대한 빈약한 역할 모델이 되어버리게 만든
다. 결과적으로 이런 제도는 역차별의 성취 목표인 취업 기회의
평등을 향한 움직임을 좌절시켜버릴 수도 있다. 그러나 이러한
비판은 역차별의 혜택을 받는 후보의 최소 자질 기준을 상대적
으로 높게 함으로써 극복될 수 있을 것이다.

모든 국민이 정치에 참여할 수 있어야 한다

평등이 추구되는 또 하나의 영역이 바로 정치 참여의 평등이다. 민주주의는 흔히 모든 국민에게 정치적 의사결정권을 부여하는 방법이라 하여 찬양된다. 그러나 '민주주의'라는 말은 여러 가지 방식으로 사용된다. 이 가운데서 민주주의에 관한 두 개의 두드러진 대립적 견해가 있다. 첫째는 국가 구성원들이 주로 투표를 통해서 국가 정부에 참여할 기회를 가질 필요를 강조한다. 둘째는 한 민주국가가 국민의 진정한 이익을 반영할 필요를 강조한다. 비록 국민 자신은 진정한 이익이 무엇인지를 모를 경우가 있을지라도 말이다. 여기서 나는 민주주의의 첫번째 유형에 집중할 것이다.

고대 그리스에서 민주주의는 소수에 의해 지배되거나(참주제) 한 사람에 의해 지배되기보다는(군주제), 시민들에 의해 지배되는 도시국가 체제에 해당했다. 고대 아테네는 보통 민주체 제의 모델로 여겨진다. 비록 이것이 시민 전체에 의해 이루어졌다고 생각하는 것은 잘못일지라도 말이다. 왜냐하면 이 도시국가에 살았던 여자들, 노예들 및 많은 다른 비시민들은 정치참여가 허용되지 않았기 때문이다. 그 어떤 민주국가도 그 통치영역 안에 살고 있는 모든 사람들에게 투표를 허용하지는 않는다. 어느 국가든 어린이들이나 심각한 정신질환자들처럼 자신들이 하고 있는 일을 이해하지 못하는 많은 사람들을 포함하기 때문이다. 그러나 국민의 대부분을 정치참여에서 배제시키는 국가라면 오늘날 민주국가라는 이름을 얻지 못할 것이다.

직접 민주주의와 대표 민주주의

초기의 민주국가들은 직접 민주제였다. 즉 투표권이 있는 사람들이 대표들을 선출하기보다는 직접 각각의 안건에 대해 토의하고 투표했다. 직접 민주주의는 참가자들의 수가 적거나 상대적으로 소수의 결정들이 이루어질 경우에만 실행가능하다. 많은 인구가 많은 수의 안건들에 대해 투표한다면 엄청난 어려움이 뒤따를 것이다. 비록 전자 통신 체계가 결국에 가서 이 어려움을 해결할 수 있을지라도 말이다. 이런 체계가 이룩되더라도 그러한 민주제도가 합리적인 결정에 도달하려면, 투표자들은 자신들이 투표하는 안건들에 대한 충분한 이해를 갖추어야만 할 것이며, 이를 위해서는 많은 시간과 정치 교육 프로그램이 필요할 것이다. 모든 국민이 현안을 따라가리라고 기대하는 것은 아마도 지나친 기대일 것이다. 오늘날의 민주주의는 대표 민주주의이다.

대표 민주주의에서는 투표자들이 자신들이 지지하는 대표들을 선출하는 선거가 행해진다. 그 다음에 이 후보들이 민주적 원리 위에서 편성된 그날 그날의 의사결정 과정에 참가한다. 이러한 선거가 행해지는 방식에는 여러 가지가 있다. 어떤 선거는 과반수 득표를 요구하고, 영국의 선거에서처럼 어떤 선거는 설령 한 후보가 투표자의 과반수 표를 얻지 못했다 하더라도, 그가 최고 득표자라면 선출된 것으로 인정하는 최고득표제를 채택한다.

대표 민주주의는 어떤 점에서는 국민에 의한 정부를 실현하지만, 다른 점에서는 그렇지 못하다. 이 제도는 선출된 사람들이 국민에 의해 선택되었다는 점에서 국민에 의한 정부를 실현한다. 그러나 이런 대표들이 일단 선출되고 난 뒤에는 언제나 국민의 바람대로 안건을 처리하는 것은 아니다. 그러니 자주 선거를 치르는 것이 공직의 남용을 방지하는 길이다. 유권자의 바람을 존중하지 않는 대표들은 재선되기 힘들기 때문이다.

비판 1. 민주주의란 환상이다

어떤 이론가들, 특히 칼 마르크스(1818~1883)에게 영향받은 사람들은 위에서 개괄한 형태의 민주주의가 정치적 의사결정 참여에 대해 순전히 환상적 의미만을 제공한다고 공격해 왔다. 이들은 투표 절차가 국민에 의한 지배를 보장하지는 못한다고 주장한다. 어떤 투표자들은 자신들의 진정한 이익이 어디에 있는지 이해하지 못할 수도 있고, 능숙한 달변가들에게 속을 수도 있다. 게다가 대부분의 선거에서 줄지어 선 후보들은 투표자들에게 진정한 선택의 기회를 제공하지 못한다. 선거가 실질적으로 차이가 없는 정책들을 내세운 둘 또는 셋의 후보들 가운데서 선택하는 형태가 될 때, 왜 이런 종류의 민주주의가 그토록 찬양되는지 이해하기 힘들다. 마르크스주의자들에 따르면, 이것은 순전히 '부르주아 민주주의'에 불과한데, 이런 민주주의는 그저 여러 경제적 관계의 결과인 기존의 권력 관계를 반영할 뿐이다. 이러한 권력 관계가 바뀌지 않는 한, 선거를 통해 국민에게 투표의 기회를 주는 것은 시간 낭비일 뿐이다.

비판 2. 투표자들은 전문가가 아니다

민주주의를 비판하는 다른 사람들은(이 가운데 가장 두드러진 사람이 플라톤이다) 정상적인 정치 의사결정을 위해서는 많은 전문적 지식이 요구되는데, 많은 투표자들은 이것을 가지고 있지 못하다는 점을 지적한다. 따라서 직접 민주주의는 매우 빈약한 정치제도를 낳을 공산이 크다. 그러한 국가는 자신들이 하고 있는 것에 대한 지식이나 숙달된 기술이 거의 없는 국민들의 손에 맡겨져 있기 때문이다.

이와 유사한 논증이 간접 민주주의를 공격하는 데에도 사용될 수 있다. 많은 투표자들은 특정 후보의 적절성을 평가할 능력이 없다. 이들은 정책을 평가할 능력이 없기에 자신들의 대표자들을 뽑을 때 외모가 잘났는지 또는 웃는 표정이 좋은지와 같은 관련 없는 속성들에 의존한다. 또는 이들의 투표는 정당들에 대한 근거 없는 편견들로 결정된다. 이 결과로 뛰어난 능력있는 많은 대표들이 탈락되고, 대신 부적합한 많은 대표들이 그들이 가진 관련 없는 속성들로 인해 선출된다.

그러나 이러한 증거는 민주주의를 아예 포기해야 한다기보다는, 반대로 민주주의에 참여하는 시민들을 교육시켜야 한다는 논리로 사용될 수 있다. 또한 설령 이것이 불가능하다 해도 대표 민주주의가 실행가능한 모든 대안들 가운데서 국민의 이익을 증진시킬 공산이 가장 많다는 주장은 여전히 참일 수 있다.

비판 3. 민주주의의 역설

나는 사형이 야만적이고 문명사회에서 결코 있어서는 안 된다고 믿는다. 만일 이 안건에 대한 투표에서 나는 사형제도의 도입을 반대하는 데 반해, 과반수가 이것의 도입을 결정한다면, 나는 역설에 직면하게 된다. 민주주의 원리를 따르기로 한 사람으로서 나는 다수의 결정이 법제화되어야 한다고 믿는다. 사형의 그릇됨에 대한 강한 신념을 지닌 개인으로서 나는 사형은 결코 허용되어서는 안 된다고 믿는다. 이런 경우에 나는 사형은 (다수결의 결과로서) 있어야 된다고 믿는 동시에 사형은 (나의 개인적 신념 때문에) 있어서는 안 된다고 믿는 것이 된다. 그러나 두 신념은 양립 불가능하다. 민주주의 원리를 따르기로 한 사람은 누구든 이들이 소수에 속할 때 이와 유사한 역설에 직면하기 쉽다.

이것이 민주주의 개념을 완전히 무너뜨리는 것은 아니지만, 양심과 다수의 결정 사이에 생기는 대립 가능성에 주목하게 한다. 이에 대해 나는 다음에 나오는 시민 불복종에 관한 절에서 논의하겠다. 민주주의 원리를 따르기로 한 사람은 누구든 개인적 신념과 집단적 결정에 주어지는 상대적인 무게를 판단해야만 할 것이다. 이들은 또한 '민주주의적 원칙을 따르기로 한 것'이 무엇을 의미하는지를 헤아려야만 할 것이다.

자유

'민주주의'와 마찬가지로 '자유'도 다른 여러 가지 방식으로 사용되는 말이다. 정치적 맥락에서 자유에는 두 가지 주요한 의미가 있다. 하나는 소극적 의미이고 다른 하나는 적극적 의미이다. 이것은 이사야 벌린(Isaiah Berlin, 1909~)의 유명한 논문 「자유의 두 가지 개념」에서 논의되고 분석되었다.

자유란 강제의 부재이다

자유에 대한 한 가지 정의는 강제의 부재이다. 강제란 다른 사람이 당신에게 특정한 방식으로 행위하도록 또는 당신이 특정한 방식으로 행위하기를 멈추도록 힘을 행사하는 것이다. 만일 그 누구도 당신을 강제하지 않는다면 이런 소극적 의미에서 당신은 자유롭다.

만일 어떤 사람이 당신을 감옥에 처넣고 가두어둔다면 당신은 자유롭지 못하다. 만일 당신이 당신의 국가를 떠나고 싶은데 당신이 여권을 몰수당한다면 이때에도 당신은 자유롭지 못하다. 당신이 공개적으로 동성애 관계 속에서 살기 원하는데, 그렇게 함으로써 기소당한다면 역시 마찬가지이다. 소극적 자유는 장애나 속박으로부터의 자유이다. 만일 그 누구도 당신이 하는 일을 적극적으로 막지 않는다면, 이런 의미에서 당신은 자유롭다.

대부분의 정부는 개인의 자유를 어느 정도 제한한다. 이렇게 하는 것의 정당성은 보통 사회의 모든 구성원을 보호할 필요에서 찾을 수 있다. 만일 모든 사람이 자신이 원하는 것은 무엇이든 할 수 있는 완전한 자유 상태에 있다면, 아마도 약자가 희생되고 대신 가장 힘세고 무자비한 사람들이 번성하게 될 것이다. 그러나 많은 자유주의 정치철학자들은 타인을 해치지 않는 한 정부가 관여하지 않는 개인적 자유의 성역이 있어야만 한다고 믿는다. 예를 들어 존 스튜어트 밀은 『자유론』에서 이렇게 강력하게 논증했다. 개인은 그 과정에서 아무에게도 해를 입히지 않는 한, 국가의 개입으로부터 벗어나 자기 자신의 '삶의 실험'을 행할 수 있도록 허용되어야 한다고.

비판 1. 가해는 정의하기 어렵다

현실적으로 가해의 정의를 내리기란 쉽지 않다. 예를 들어 가해는 타인의 감정을 해치는 것도 포함하는가? 만일 그렇다면 모든 종류의 '삶의 실험'이 배제되어야 할 것이다. 이것은 다수의 감정을 해칠 것이기 때문이다. 예를 들어 어떤 점잖은 이웃은 옆집의 한 자연주의자 커플이 옷을 입고 지내지 않는다는 사실을 아는 것만으로도 감정적 피해를 입을 것이다. 또 그 자연주의자 커플은 그렇게 많은 사람들이 옷을 입고 지낸다는 사실을 알고 감정이 상할 것이다. 그 자연주의자들이나 이웃 양자는 저마다 다른 사람들의 삶의 스타일에 피해를 입었다고 생각할 것이다. 밀은 타인의 감정을 해침이 상하게 하는 것이 심각한 가해라고 믿지는 않았지만, 감정의 해침과 가해를 가르는 선을 긋기가 늘 쉬운 것만은 아니다. 예를 들어 많은 사람들은 자신들의 종교에 대한 모독을 자신들의 신체에 가해진 상해보다 훨씬 더 해롭다고 생각할 것이다. 어떤 근거에서 이들이 틀렸다고 말할 수 있겠는가?

비판 2. 적극적 자유가 더 중요하다

어떤 철학자들은 소극적 자유가 우리가 증대시키기 위해 힘들여 싸워야 할 그런 종류의 자유라는 생각을 공격한다. 이들은 적극적인 자유가 훨씬 더 중요한 정치적 목표라고 논변한다. 적극적 자유는 당신 자신의 삶을 통제할 수 있는 자유를 말한다. 만일 당신이 실제로 통제한다면 당신은 자유롭다. 만일 그렇지 않다면, 설령 당신이 현실적으로 아무런 강제를 받고 있지 않다고 하더라도 당신은 자유롭지 못하다. 적극적 자유 개념의 옹호자들은 대부분 진정한 자유란 개인이 스스로의 삶을 선택함으로써 이루는 일종의 자기 실현이라고 믿는다.

예를 들어 만일 어떤 사람이 알콜중독자이며 판단력을 잃고 자신의 돈을 술마시는 일에 탕진한다면 이것이 자유를 행사하는 일일까? 직관적으로 봐도 그렇지 않을 것 같다. 특히 술이 깬 순간에 그 알콜중독자가 후회를 한다면 더욱 그럴 것 같다. 오히려 우리는 그 알콜중독자를 술에 지배되고 있다고, 즉 충동의 노예라고 생각할 것이다. 강제가 없다고 하더라도 적극적인 의미에서 그 알콜중독자는 진정으로 자유롭지는 못하다.

심지어 소극적 자유의 옹호자조차도 알콜중독자들은 어린이들과 마찬가지로 어떤 방식으로든 강제되어야 한다고 주장할지 모른다. 이들은 자신들의 행위에 대해 전적으로 책임을 지지는 않기 때문이다. 그러나 만일 어떤 사람들이 시종일관 어리석은 삶을 선택하고 자신들의 재능을 허비한다 해도, 밀의 원칙에 따르면 우리는 이들을 설득할 수 있을 뿐 더 나은 삶의 방식 쪽으로 강제할 자격은 결코 없다. 이러한 강제는 이들의 소극적 자유를 제한하는 것이기 때문이다. 적극적 자유의 원리를 옹호하는 사람은 아마도 이렇게 논변할 것이다. 즉 그러한 사람은 자신의 잠재력을 깨닫고 자신의 불안정한 성향들을 극복할 때까지는 진정으로 자유로운 것이 아니라고 말이다. 여기서 한 걸음만 나가면, 이것은 진정한 자유에 이르는 길로서 강제성을 지지하는 논리가 된다.

벌린은 자유의 적극적 개념은 각종의 부당한 강제를 허가해

주는 데 사용될 수 있다고 주장한다. 즉 국가의 대행자들은 자신들이 당신의 자유를 증진시키도록 돕는다는 이유로 당신을 특정한 방식으로 행위하도록 강요하는 일을 정당화할 수도 있다. 실제로 그는 역사적으로 자유의 적극적 개념이 빈번히 이런 방식으로 남용되어왔음을 지적한다. 이런 적극적 개념 자체에는 잘못이 없다. 다만 역사가 이것이 위험스런 무기로 오용될 수 있음을 보여줄 뿐이다.

처벌의 정당한 근거는 무엇인가

무엇이 처벌의 형태로 자행되는 자유의 박탈을 정당화해 줄 수 있을까? 다시 말해 사람들을 강제할, 즉 소극적 의미의 자유를 박탈할 근거가 될 수 있는 것은 무엇일까? 앞에서 보았듯이 적극적 자유라는 개념은 개인들에 대한 강제를 정당화하는 데 쓰일 수 있다. 즉 어떤 사람들은 오직 그들 자신의 (그릇된) 욕구로부터 (외부의 개입에 의해) 보호됨으로써만 진정한 자유를 성취할 수 있다.

철학자들은 개인에 대한 국가의 처벌을 주로 네 가지 방식으로 정당화하고자 시도해 왔다. 즉 처벌은 응보로서, 범죄의 억제로서, 사회의 보호책으로서, 피처벌자의 교화책으로서 정당화된다. 첫번째는 대개 의무론적 입장에서 옹호되며 나머지 세 가지는 결과론적 근거 위에 있다.

처벌은 범죄에 대해 마땅히 받아야 하는 대가이다

가장 단순한 형태의 응보주의는, 의도적으로 법을 어기는 사람들은 그 사람에게 또는 사회에게 유익한 결과가 있든 없든 상관없이 처벌받아 마땅하며 고통을 받아 마땅하다는 견해이다. 물론 그들의 위법행위에 대해 전적인 책임을 물을 수 없는 사람들도 많이 있으며, 이들은 더 가벼운 처벌을 받아야 할 것이다. 심각한 정신장애와 같은 극단적 경우에는 오히려 치료의 대상이 될 수도 있다. 그러나 일반적으로 응보주의 이론에 따르면, 처벌은 범죄에 대한 온당한 대가로서 정당화된다. 나아가서 처벌의 강도는 범죄의 강도를 반영해야 한다. '눈에는 눈(lex talionis 라는 문구로 알려져 있기도 하다)'이라는 가장 단순한 형태의 응보주의는 자행된 범죄에 정확히 비례하는 대가를 요구한다. 협박과 같은 범죄에 대해서 이런 식의 응보가 어떠한 것이 될지는 알 수 없다. 판사가 협박범에게 '6개월의 피협박형'을 선고할 것 같지는 않다. 이와 유사하게 금시계를 훔친 한 가난한 도둑이 어떻게 이 죄에 정확히 비례하는 처벌을 받을 수 있을지 헤아리기도 힘들다. 물론 이것은 '눈에는 눈' 원리에만 해당되는 어려움이다. 좀더 세련된 형태의 응보주의에서는 처벌이 범죄와 정확히 비례해야 될 필요는 없다.

비판 1. 근본 감정에 호소한다

응보주의는 대체로 응보의 감정에서 그 힘을 얻는다. 응징이란 손해를 당한 사람의 아주 기본적인 대응방식이다. 응보주의의 반대자들은 이러한 감정이 널리 퍼져 있다는 데에는 수긍을 하지만, 국가의 처벌은 이런 '맞받아치기' 식보다는 좀더 분별있는 원리에 기초해야 한다고 논변한다. 그러나 처벌에 대한 혼합형의 정당화를 꾀하는 사람들은 흔히 이 원리를 자신들의 이론의 한 요소로 포함시킨다.

비판 2. 결과를 고려하지 않는다

응보주의에 대한 주된 비판은 이것이 처벌이 범죄자나 사회에 미치는 효과에는 관심을 두지 않는다는 것이다. 이런 논리는 억제, 교화 및 보호의 문제와는 무관하다. 응보주의자들에 따르면, 범죄자들은 처벌이 유익한 결과를 낳느냐에 상관없이 처벌되어야 한다. 결과주의자들은 그 어떤 행위도 이것이 유익한 결과를 낳지 않는 한 도덕적으로 옳지 않다는 근거 위에서 응보주의에 반대한다. 이에 대해 의무론자들은 한 행위가 도덕적으로 정당화된다면 그 결과는 상관없다고 답할 것이지만 말이다.

처벌은 범죄를 억제하는 효과가 있다

처벌에 대한 공통된 정당화는 이것이 위법행위를 억제하는 효과가 있다는 것이다. 즉 처벌받은 당사자와 처벌이 내려진 사실을 알고 법을 위반하면 자신들에게도 처벌이 가해질 것임을 아는 다른 사람들에게 이런 효과가 생긴다. 만일 당신이 결국은 감옥에 가게 되리라는 것을 안다면 당신은 도둑이 되기를 선택할 확률이 좀더 적을 것이다. 당신이 처벌을 피해갈 수 있다고 생각하는 경우보다 말이다.

이것이 사람들을, 심지어 처벌에 의해 교화되지 못할 사람들조차 처벌하는 것을 정당화한다. 여기서 더욱 중요한 것은 관련 당사자가 실지로 변화되느냐가 아니라 처벌이 범죄의 대가로 인식된다는 사실이다.

이런 종류의 정당화는 오직 처벌의 효과에만 초점을 맞춘다. 자유를 박탈당한 사람들의 고통이 사회가 얻는 이익을 능가할지라도 말이다.

비판 1. 무고한 사람을 처벌하는 것도 정당화될 수 있다

처벌의 억제 효과 이론에 대한 한 가지 매우 심각한 비판은 이렇다. 그 이론의 아주 단순한 형태는 무고한 사람을 처벌하는 것을 정당화하는 데 이용될 수 있다. 어떤 경우에는 범죄를 저질렀으리라고 널리 추정되는 사람을 희생양으로서 처벌하는 것이 유사한 범죄를 저지르고자 하는 다른 사람들에 대한 아주 강력한 억제 효과를 가질 것이다. 특히 일반인들은 그 처벌의 희생자가 사실은 무고하다는 것을 알게 되지 못한다면 말이다. 이런 경우에 우리가 무고한 사람을 처벌하는 것이 정당화될지 모른다. 그러나 이것은 결과적으로 이론의 매력을 앗아가고 만다. 처벌에 관한 그 어떤 억제효과 이론도 이러한 반대에 답해야 할 것이다.

비판 2. 효과가 없다

억제 효과로서의 처벌에 비판적인 어떤 사람은 한 마디로 이런 방법은 안 통한다고 주장한다. 사형과 같은 극단적인 처벌들조차도 연쇄살인자들을 겁주지 못하며, 벌금이나 단기 감금과 같은 더 약한 처벌은 도둑들을 억제시키지 못한다.

이런 종류의 비판은 경험적 자료에 의존한다. 처벌 형태와 범죄율 사이의 관계를 따지기는 매우 어렵다. 그 자료의 해석을 왜곡시키는 너무 많은 요인들이 있기 때문이다. 그러나 만일 처벌이 억제 효과를 거의 또는 아주 가지지 않는다는 것이 결정적으로 밝혀진다면, 이것은 처벌을 이런 식으로 정당화하는 것에 대한 치명적인 타격이 될 것이다.

처벌은 범죄자들로부터 무고한 사람들을 보호한다

처벌이 가진다고 주장되는 유익한 결과들에 기초한 또 다른 정당화는 법을 어기는 경향이 있는 사람들로부터 사회를 보호해야 할 필요성을 강조한다.

만일 어떤 사람들이 집을 턴다면, 그들은 또 다른 집도 털 것이 뻔하다. 그러므로 국가가 재범을 막기 위해서 이들을 가두어 놓는 것은 정당하다. 이러한 정당화는 강간이나 살인과 같은 강력범죄의 경우에 가장 많이 사용된다.

비판 1. 몇몇 범죄들에만 적용될 뿐이다

강간과 같은 범죄 유형은 동일범에 의해 반복적으로 저질러진다. 이런 경우 범죄자들의 자유를 제한하는 것은 범죄 재발의 기회를 감소시킬 것이다. 그러나 어떤 범죄는 일회적이다. 예를 들어 남편에게 평생 원한을 품어온 한 아내가 마침내 남편의 아침식사에 독약을 넣기로 결심할 수 있다. 이 여자는 다른 어떤 사람에게도 위협이 되지 않을 것이다. 그녀는 매우 심각한 범죄를 저질렀지만, 이것은 그녀가 다시 저지르지는 않을 그런 범죄이다. 이러한 여자에게 사회의 보호는 그녀를 처벌하는 것의 정당성을 제공하지 못할 것이다. 그러나 현실적으로 재범을 저지르지 않을 범죄자들을 판별하는 일은 쉽지 않다.

비판 2. 효과가 없다

이런 식의 처벌 정당화에 대한 또 다른 비판은 범법자들을 감금하는 것은 단지 단기적으로만 사회를 보호할 뿐, 장기적으로 보면 사회를 더 위태롭게 만드는 결과를 낳는다는 것이다. 왜냐하면 감옥에서 범죄자들은 법망을 빠져나가는 방법을 서로 배우기 때문이다. 그러므로 모든 강력 범죄에 대해 종신형이 주어지지 않는 한, 감금은 사회를 보호할 수 있을 것 같지 않다.

이것 역시 경험적인 논증이다. 만일 이 주장이 참이라면, 사회 보호를 위한 조치를 범죄자 교화를 위한 시도와 연계시켜야 할 좋은 근거가 생길 것이다.

처벌은 범법자를 교화시킨다

범법자를 처벌하는 또 다른 정당화는 처벌이 이들을 교화시키는 경향이 있다는 것이다. 즉 처벌은 이들의 성품을 개조하는 데 기여하므로 이들은 석방된 뒤에 더 이상 범죄를 저지르지 않을 것이다. 이런 견해를 바탕으로 자유의 박탈은 일종의 치료책으로 기여할 수 있다.

비판 1. 몇몇 범죄자들에게만 적용될 뿐이다

어떤 범죄자들은 교화할 필요가 없다. 일회성의 범죄를 저지른 사람들은 이런 정당화에 따르면 처벌되어서는 안 될 것이다. 이들은 다시 법을 어길 확률이 낮기 때문이다. 또한 어떤 범죄자들은 명백히 교화의 한계를 넘어서 있기도 하다. 이들을 처벌하는 것 역시 아무런 의미가 없을 것이다. 이런 지적은 사실 현 이론에 대한 비판이라기보다는 이것이 함축하는 바에 대한 더욱 자세한 논의이다. 그렇지만 많은 사람들은 이런 함축들이 받아들여질 수 없다는 것을 알게 될 것이다.

비판 2. 효과가 없다

현행의 처벌이 범죄자들을 교화시키는 경우는 매우 드물다.

그러나 모든 형태의 처벌이 이런 면에서 실패하는 것은 아니다. 이런 종류의 경험적 논증은 그러한 교화의 시도가 결코 성공적일 수 없음이 입증될 수 있는 경우에만 교화로서의 처벌 개념에 치명적일 것이다. 그런데도 처벌의 교화적 측면에만 집중하는 정당화는 매우 드물다. 가장 설득력 있는 정당화는 교화가 범죄 억제 및 사회보호와 연계되어 정당화의 한 요소가 될 때이다. 이러한 복합적 정당화는 대개 결과주의적 도덕 원리에 토대를 두고 있다.

시민 불복종

　지금까지 우리는 범법자들을 처벌할 정당성에 대해 살펴보았다. 이들을 처벌한 근거는 도덕적인 것이다. 그러나 법을 어기는 것이 도덕적으로 용납될 수는 없을까? 이 절에서 나는 도덕적 근거 위에서 정당화되는 특별한 종류의 범법에 대해 살펴볼 것이다. 시민 불복종이 그것이다.

　어떤 사람들은 범법은 결코 정당화될 수 없다고 주장한다. 만일 당신이 법에 불만을 가진다면 당신은 캠페인이나 편지 보내기 등의 합법적 통로를 통해서 법이 바뀌도록 노력해야만 할 것이다. 그러나 이러한 합법적 항변이 전혀 소용 없는 경우들이 많이 있다. 이런 상황에서 법을 위반하는 전통이 있는데, 이것이 바로 시민 불복종이다. 시민 불복종의 상황은 사람들이 자신들이 부당하다고 여기는 법이나 정부 정책에 복종하도록 강요될 때 발생한다.

　시민 불복종은 일찍부터 법과 정부 정책에 중대한 변화들을 일으켜왔다. 한 가지 유명한 예가 영국에서의 여성참정권 운동이다. 이 운동은 항의자들의 인간띠 시위를 포함하는 대중적 시민 불복종 운동을 통해 여성 투표권 획득이라는 목표를 공론화시키는 데 성공했다. 마침내 1918년 30세 이상의 여성이 투표권을 얻어냄으로써 제한적이나마 해방이 이루어졌다. 물론 여기에는 부분적으로 제1차 세계대전의 사회적 여파가 작용하긴 했지만, 어쨌든 여성참정권 운동은 이른바 민주 선거에서 여성의 참여를 금지했던 부당한 법을 변화시키는 데 크나큰 역할을 했다.

　마하트마 간디와 마틴 루터 킹은 둘 다 시민 불복종의 열렬한 옹호자였다. 간디는 비폭력 불복종 시위를 통해 결국 영국의 통치를 종식시키고 인도의 독립을 이룩하는 데 막대한 영향을 미쳤다. 이와 유사한 방식을 통한 마틴 루터 킹의 인종 차별에 대한 항거는 미국 남부의 여러 주에서 흑인의 기본적 시민권을 보장받는 데 기여했다.

　시민 불복종의 또 다른 예는, 정부에 의해 징집되었는데도 베트남 전쟁에 참가하기를 거부했던 일부 미국인들에서 볼 수 있다. 어떤 사람들은 그 어떤 종류의 살인도 도덕적으로 그르다는 신념에서 그렇게 했으며, 따라서 법을 위반하는 것이 싸움터에 나가 다른 인간을 죽이는 것보다 낫다고 생각했다. 다른 어떤 사람들은 모든 전쟁에 반대하는 것은 아니었지만 베트남 전쟁은 합당한 이유 없이 시민들을 엄청난 위험에 몰아넣는 부당한 전쟁이라고 생각했다. 결국 베트남 전쟁 반대가 미군의 철수를 낳았다. 바로 시민의 위법투쟁이 이러한 반대의 밑바탕이었다.

시민 불복종은 부당한 법이나 정부 정책에 대해 주의를 끌기 위한 의도적인 비폭력 위법행위의 전통이다. 이런 시민 불복종 전통 안에서 행위하는 사람들은 단순히 개인적 영달을 위해 법을 어기지 않는다. 이들은 부당한 법이나 도덕적으로 반대할 만한 정부 정책에 대해 주의를 끌기 위해 그리고 그들의 대의를 최대한으로 공론화하기 위해서 그렇게 한다. 따라서 이런 운동은 가급적 신문기자, 사진기자, 텔리비전 카메라 등 언론 매체를 상대로 공개적으로 행해진다. 예를 들어 한 미국인이 단지 싸우는 것이 두렵고 죽고 싶지 않기 때문에 징집카드를 집어던지고 숨어버렸다면, 그는 시민 불복종 행위를 하고 있는 것이 아니다. 이것은 오히려 자기보존의 행위이다. 만일 그가 개인의 안전에 대한 두려움이 아니라 도덕적 근거에서 그렇게 했다 하더라도, 그가 이것을 어떻게든 공론화시키려 하기보다는 사적으로 행했다면, 이것 또한 시민 불복종 행위라고 볼 수 없다. 반면에 어떤 징집된 사람이 공중 앞에서 자신의 징집 명령서를 불태우고, 텔리비전 카메라 앞에서 왜 그는 미국의 베트남 개입이 비도덕적이라고 생각하는지에 대해 성명서를 읽는다면, 그는 시민 불복종 행위를 하고 있는 것이다.

시민 불복종의 목적은 궁극적으로 특정한 법이나 정부 정책의 변경일 뿐, 법규의 완전한 파괴는 아니다. 시민 불복종의 전통에 따르는 사람들은 대개 폭력을 피한다. 폭력은 보복을 부르며 갈등을 심화시켜 그들의 대의를 손상시키기 때문이다. 또한 무엇보다도 위법에 대한 그들의 정당화는 도덕적 근거 위에 있으며, 대부분의 도덕적 원리들은 당신이 공격을 받고 자신을 지켜야 할 불가피한 경우와 같이 극단적인 상황에서만 타인을 해치는 것을 허용하기 때문이다.

테러리스트들이나 자유의 투사들은(어떤 명칭을 사용하느냐는 당신이 그들의 대의에 얼마나 공감하느냐에 달려 있다) 정치적 목적을 위해 폭력을 사용한다. 시민 불복종 행위에 참가하는 사람들처럼 이들도 현재 사태를 변화시키기 원하며, 사적인 이득이 아니라 자신들이 생각하는 일반적 선을 위해 그렇게 한다. 이 두 부류가 갈라지는 지점은 이러한 변화를 일으키기 위해 사용하는 방법이다.

비판 1. 비민주적이다

시민 불복종이 민주제하에서 발생한다고 가정한다면, 이런 행위는 비민주적으로 보일 것이다. 만일 민주적으로 선출된 대표들의 대다수가 특정한 법이 제정되어야 한다거나 어떤 정부 정책이 실행되어야 한다고 결정한다면, 이것에 대한 항거로서 그 법을 위반하는 것은 민주주의 정신에 거스르는 것 같다. 아주 소수의 시민들이 시민 불복종 운동에 참가하고 있을 경우에는 더욱 그럴 것이다. 누구나 정부의 몇몇 정책에 불만을 가지는 경향이 있다는 사실은 분명 민주주의 국가에 살기 위해 치러야 하는 대가인 것이다.

만일 소수에 의한 시민 불복종이 효력을 보인다면, 이는 소수에게 대다수의 견해를 뒤엎을 권한을 주는 듯이 보이며 이는 심각하게 비민주적이다. 만일 시민 불복종이 효과가 없다면, 이런 일을 행하는 것은 쓸데없어 보인다. 그러므로 이런 견해에서 볼 때 시민 불복종은 비민주주의적이거나 아니면 쓸데없는 것이거나 둘 중 하나이다.

이러한 비판에 대한 대응은 시민 불복종 행위는 도덕적으로 용납될 수 없는 정부 결정이나 실행에 초점을 맞추고 있다는 사실을 강조하는 것이다. 예를 들어 1960년대 미국에서 일어난 민권 운동은 법적으로 강요된 인종 차별에 대항하여 잘 대중화된 시위를 통해 미국 흑인들의 부당한 대우에 대한 세계적인 여론을 불러일으켰다. 이렇게 이해한다면 시민 불복종은 대다수의 사람들이나 그들의 대표자들로 하여금 특정한 문제에 대한 입장을 재고하도록 만드는 하나의 기법이지, 비민주적인 방식으로 법이나 정책을 바꾸는 것이 아니다.

비판 2. 무법상태로 미끄러져 내려간다

시민 불복종에 대한 또다른 반대는 이것이 위법을 고취시켜서 결국에 가서는 정부나 법규의 권위를 약화시킬 것이며, 이러한 위험성이 시민 불복종으로부터 생길 수 있는 이익들을 훨씬 능가한다는 데 있다. 일단 법 존중이 약화되면, 비록 그것이 도덕적 근거에 기인한다 할지라도 전반적인 무법상태가 뒤따를 위험이 있다는 것이다.

이것은 '미끄러운 내리막길(a slippery slope)' 논증이다. 즉 만일 당신이 특정 방향으로 한 걸음을 내딛으면 당신은 진행을 멈출 수 없을 것이며, 결국 바라지 않는 결과에 이를 것이라고 주장하는 논증이다. 당신이 미끄러운 내리막길에 한 발을 내딛는다면 바닥에 닿기 전에는 멈출 수 없는 것과 마찬가지로, 일단 당신이 약간의 위법을 허용한다면 아무도 법을 존중하지 않는 상태까지 멈춤 없이 진행할 것이라고 어떤 사람들은 주장한다.

그러나 이런 종류의 논증은 마지막 결과가 불가피한 듯이 보이게 만들 뿐이다. 사실은 그렇지 않은데도 말이다.

시민 불복종 행위가 법 존중을 약화시킬 것이라거나 또는 미끄러운 내리막길의 비유에 따를 것이라고 믿을 만한 이유는 없다. 즉 우리가 어떤 지점에서 발꿈치로 바닥을 찍고 멈추어서 '여기서부터 더 이상은 안 된다'고 말할 수 없으리라고 믿을 이유는 없는 것이다. 실제로 어떤 시민 불복종 옹호자들은 그들의 행위는 법규를 약화시키기는커녕 법에 대한 더 깊은 존중을 일깨운다고 변론한다.

만일 어떤 사람이 부당한 법에 대해 주의를 환기시킨 이유로 국가에 의해 처벌을 받을 각오가 되어 있다면, 이것은 그가 법은 정당해야 하며 정당한 법은 존중되어야 한다는 보편적인 입장에 서 있음을 보여준다. 이것은 개인적 이득을 위해 법을 어기는 것과는 아주 다르다.

결론

이 장에서 나는 정치 철학의 중심 주제들을 몇 가지 다루었다. 이 주제들 모두의 밑바탕에 있는 것이 국가와 개인의 관계 문제이며, 특히 국가가 개인에 대해 행사하는 권위의 근원에 관한 문제이다. 이 문제는 다음에 추천된 책들에서 정식으로 다루어지고 있다. 다음 장과 그 다음 장은 우리를 둘러싼 세계에 대한 지식과 이해에 초점을 맞추며, 특히 감각을 통해 우리는 무엇을 알 수 있는가 하는 문제에 주목한다.

더 읽을 책들

정치철학사에 관심있는 사람들에게 퀘틴 스키너 외 여러 사람이 지은 『위대한 정치사상가들』(Quentin Skinner, Richard Tuck, William Thomas, and Peter Singer, *Great Political Thinkers*, Oxford : Oxford University Press, 1992)은 마키아벨리, 홉스, 밀 그리고 마르크스의 저작에 대한 좋은 입문서가 될 것이다. 또한 브라이언 레드헤드가 편집한 『플라톤에서 네이토까지의 정치사상』(Brian Redhead, *Political Thought from Plato to Nato*, London : BBC Books, 1984)을 추천한다.

조나단 울프의 『정치철학 입문』(Jonathan Wolff, *Political*

Philosophy : An Introduction, Oxford : Oxford University Press, 1996)은 정치철학 분야에 대한 면밀하고 폭넓은 입문서이다.

피터 싱어의 『실천 윤리학』(Peter Singer, *Practical Ethics*, 2nd edn, Cambridge : Cambridge University Press, 1993)은 내가 2장에서 더 읽어볼 책으로 추천했던 책으로 평등 고용을 비롯한 평등에 관한 논의를 포함한다. 그는 또한 동물에 대한 평등을 문제삼고 있기도 하다. 자넷 래드클리프 리처드의 『회의적 페미니스트』(Janet Radcliffe Richard, *The Sceptical Feminist*, 2nd edn, London : Penguin, 1994)는 고용에서의 역차별 문제를 비롯해 여성에 관련된 도덕과 정치의 문제들에 대한 명료하고 예리한 철학적 분석서이다.

로스 해리슨의 『민주주의』(Ross Harrison, *Democracy*, London : Routledge, 1993)는 정치철학의 중심 개념들 중 하나에 대한 명쾌한 입문서이다. 이 책은 민주주의의 역사에 관한 비판적 연구를 오늘날의 철학적 개념 분석과 결합시킨다.

데이비드 밀러가 편집한 『자유』(David Miller ed., *Liberty*, Oxford : Oxford University Press, Oxford Readings in Politics and Govern-ment, 1991)는 이사야 벌린의 논문 「자유의 두 가지 개념」의 요약본을 포함하고 있다. 존 스튜어트 밀의 『자유론』(John Stuart Mill, *On Liberty*, London : Penguin Classics, 1982)은

자유주의에 관한 고전적 저술이다.

휴고 아담 베도우의 『시민 불복종 분석』(Hugo Adam Bedau, *Civil Disobedience in Focus*, London : Routledge, 1991)은 마틴 루터 킹의 「버밍햄시 교도소로부터의 편지」를 비롯 이 주제에 관한 흥미있는 논문들의 모음집이다.

정치철학을 더 자세히 그리고 더 높은 수준까지 공부하고자 하는 사람들에게 윌 킴리카의 『현대정치철학 입문』(Will Kymlicka, *Contemporary Political Philosophy : An Introduction*, Oxford : Oxford University Press, 1990)은 오늘날 정치철학의 주요 사조에 대한 비판적인 평가를 제공해 준다. 이 책의 어떤 부분들은 매우 어렵다.

6. 우리의 인식은 어디까지 믿을 수 있나

　　외부 세계(external world)에 관한 우리의 지식은 기본적으로 다섯 개의 감각을 통해서 온다. 시각, 청각, 촉각, 후각, 미각이 그것이다. 이 중에서 시각이 우리들 대부분에게 중심 역할을 한다. 나는 바깥 세계가 어떻게 생겼는지 안다. 내가 그것을 볼 수 있기 때문이다. 만일 내가 보고 있는 대상이 실제로 있는 것인지 확신할 수 없다면 보통 나는 손을 뻗어 그것을 만져보고 확인할 수 있다. 나는 스프에 파리가 한 마리 빠져 있다는 것을 안다. 내가 그것을 볼 수 있고 필요하다면 만질 수 있고, 심지어 맛볼 수도 있기 때문이다. 그러나 내가 보고 있다고 생각하는 그 대상과 실제로 내 앞에 있는 것 사이의 정확한 관계는 과연 무엇일까? 나는 정말로 바깥에 있는 저 대상에 대해 확신할 수 있는가? 내가 꿈을 꾸고 있을 수도 있는가? 아무도 대상들을 바라보고 있지 않을 때도 그것들은 계속해서 존재하는가? 나는 과연 외부 세계를 직접 경험하는가?

　　이것들 모두는 어떻게 우리가 우리 주변에 대한 지식을 얻는가에 관련된 물음들이다. 즉 이것들은 지식론(theory of knowledge) 또는 인식론(epistemology)으로 알려진 철학의 한 분야에 속한다.

　　이 장에서 우리는 몇 가지 인식론적 물음들을 검토하되, 지각 이론(theories of perception)에 중점을 둘 것이다.

상식적 실재론

상식적 실재론(commonsense realism)은 철학을 공부하지 않은 대부분의 사람들이 유지하고 있는 견해이다. 이것이 가정하는 것은 우리가 오감을 통해 직접 알 수 있는 물리적 대상들 — 말, 나무, 자동차, 금붕어, 찻숟가락, 축구공, 인간의 육체, 철학책 등 — 이 실제로 존재한다는 것이다. 이런 물리적 대상들은 우리가 이것들을 지각하든 안 하든 계속해서 존재한다. 게다가 이 대상들은 어느 정도는 우리에게 보이는 대로의 그 모습들이다. 즉 금붕어는 실제로 주황색이며, 축구공은 실제로 공모양이다. 그 이유는 우리 감각-지각의 기관들(감관들) — 눈, 귀, 혀, 피부, 코 — 이 일반적으로 신뢰할 만하기 때문이다. 이것들은 우리에게 실제로 밖에 있는 것에 대한 진정한 식별력을 제공해 준다.

그러나 이러한 견해는 만족스럽지 못하다. 비록 감각-지각에 관한 상식적 실재론의 가정들을 문제삼지 않고서도 살아가는 데는 지장이 없기는 하지만 말이다. 상식적 실재론은 감각의 신뢰성을 겨냥한 회의적 논증들에 잘 버티지 못한다. 여기서 우리는 상식적 실재론을 무너뜨리는 듯한 다양한 회의적 논증들을 검토한 뒤에 지각에 관한 네 가지 세련된 이론들을 살펴볼 것이다. 대표 실재론, 관념론, 현상론 그리고 인과 실재론이 그것이다.

우리의 감각은 의심스럽다

회의론(scepticism)이란 우리는 그 어느 것에 대해서도 결코 확실하게 알 수 없으며, 세계에 관한 우리의 가장 근본적인 신념들조차도 의심할 만한 이유가 있다는 견해이다. 철학에서 회의적 논증들이 보이고자 하는 것은, 세계에 관해 알아내는 전통적 방식들은 신뢰할 만하지 못하며 정말로 존재하는 것에 관한 지식을 보장해 주지 못한다는 것이다. 다음 절들에 나오는 회의적 논증들은 르네 데카르트(René Descartes)가 쓴 『성찰』의 첫 번째에 나오는 논증들에 기초한다.

감각은 때때로 착각을 일으킨다

착각 논증(Illusion Argument)은 감각의 신뢰성을 문제삼고 상식적 실재론을 위협하는 회의적 논증이다. 우리는 대개 우리의 감각들을 신뢰하지만, 가끔 이것들이 우리를 잘못 인도하는 때도 있다. 예를 들어 우리 대부분은 멀리서 다가오는 친구를 보고 손을 흔들었는데 나중에 전혀 다른 사람임을 알고 당황했던 경험이 있다. 똑바른 막대기는 일부가 물에 잠겨 있으면 굽어 보인다. 아주 단것을 먹은 직후에 먹는 사과의 맛은 쓰다. 둥근 동전을 특정한 각도에서 보면 타원형으로 보인다. 평평한 두 기차 레일이 저 멀리에서는 서로 만나는 듯이 보인다. 뜨거운 날씨에 길을 보면 움직이는 듯이 보인다. 같은 색의 옷이 조명이 낮은 곳에서는 짙은 빨강(진홍색)으로, 태양빛 아래서는 밝은 빨강(주홍색)으로 보인다. 달은 지평선 쪽으로 기울수록 더 크게 보인다. 이러한 감각적 착각들은 감각은 언제나 완전히 신뢰할 만한 것은 아니라는 것을 보여준다. 외부의 실재 세계는 눈에 보이는 그대로는 아닌 듯하다.

이 착각 논증이 말하는 바는 우리의 감각은 때때로 우리를 잘못 인도하므로 우리는 어느 순간이든 이것들이 우리를 잘못 인도하고 있지 않다고 결코 확신할 수 없다는 것이다. 이것이 바로 회의적 논증이다. 이것은 감각이 우리에게 세계에 관한 지식을 제공해 준다고 하는 우리의 일상적 신념(상식적 실재론)에 대한 도전이다.

비판. 의심할 수 없는 것들

내가 비록 먼 거리에서 또는 특수한 조건에서 대상을 잘못 볼 수는 있을지라도, 내가 일리 있는 의심을 가질 수 없는 몇몇 관찰들이 있음은 분명하다. 예를 들어 나는 현재 책상 앞에 앉아 이 글을 쓰고 있다는 것, 내가 내 손에 펜을 들고 있다는 것 그리고 내 앞에 원고지가 있다는 것을 진심으로는 의심할 수 없다. 마찬가지로 나는 내가 잉글랜드에 있다는 것, 일본에 있지 않다는 것을 진심으로는 의심할 수 없다.

논의의 여지가 없는 몇가지 앎의 경우가 있으며, 우리는 이것을 통해 지식이라는 개념을 배운다. 우리가 다른 신념들을 의심할 수 있는 것은 바로 이런 지식을 배경으로 삼기 때문이다. 이러한 논의의 여지가 없는 경우들이 없다면 우리는 아예 지식이라는 개념을 가지지 못할 것이며, 의심스런 신념들과 대비시킬 어떠한 것도 가지지 못할 것이다.

내가 꿈꾸고 있는 것은 아닌가

이런 견해에 대해 회의론자는 이렇게 지적할 것이다. 나는 확실한 지식의 사례인 듯이 보이는 것에 대해서도 충분히 틀릴 수 있다고 말이다.

즉 사실 나는 침대에 누워 잠을 자고 있고, 꿈속에서 내가 깨어 있는 상태에서 글을 쓰고 있다고 생각할 수도 있다. 그렇다면 나는 어떻게 내가 그런 꿈을 꾸고 있지 않다는 것을 알 수 있는가?

어떻게 나는 내가 도쿄의 어딘가에서 자고 있으면서 내가 잉글랜드에서 깨어 있는 꿈을 꾸고 있지 않다는 것을 알 수 있는가? 사실 나는 이보다 더 괴상한 꿈도 꾸어본 적이 있다.

꿈의 경험과 생시의 경험을 결정적으로 구별할 수 있는 어떤 것이 있는가?

비판 1. 전부 꿈일 수는 없다

나의 인생 전체가 꿈이라고 말하는 것은 아무런 의미가 없을 것이다. 만일 내가 언제나 꿈을 꾸고 있다면 나는 꿈이라는 개념조차 가지지 못할 것이다. 즉 나는 깨어 있음의 개념이 없을 것이므로 꿈과 대조되는 어떠한 것도 가질 수 없을 것이다. 우리는 진본 화폐가 존재할 때만 이에 대조되는 것으로 위조 화폐라는 개념에 대해 의미를 얻을 수 있다. 마찬가지로 꿈이라는 개념은 우리가 이것을 생시와 대비시킬 수 있을 때만 의미를 가질 수 있다.

이것은 참이다. 그렇지만 이것이 회의론자의 입장을 무너뜨리는 것은 아니다. 회의론자가 내세우는 것은 우리가 늘 꿈을 꾸고 있을지도 모른다는 주장이 아니라, 어느 정해진 순간에 우리가 실제로 꿈을 꾸고 있는지 아닌지를 확신을 가지고 알 수 없다는 것이다.

비판 2. 꿈꿀 때와 평상시의 경험은 다르다

내가 이 글을 쓰고 있는 것이 꿈일 수 있다는 생각에 대한 또 다른 반대는 꿈의 경험은 생시의 경험과 아주 다르며, 또한 우리는 사실상 우리 경험의 성질을 검토함으로써 꿈과 생시를 구별할 수 있다는 것이다. 꿈은 생시에는 불가능한 많은 사건들을 포함한다. 또한 꿈은 보통 생시의 경험만큼이나 생생하지 못하다. 그리고 꿈은 몽롱하며 연속적이지 못하고 대략적이고 괴상하다. 게다가 회의적 논증 전체는 꿈과 생시를 구분하는 능력에 의존하고 있다. 그런데 나는 때때로 수면중에 깨어 있는 꿈을 꾸곤 했다. 이런 것을 나는 달리 어떻게 아는가? 이러한 기억은 하나는 실제로 깨어 있을 때의 경험이고, 다른 하나는 내가 깨어 있는 꿈을 꿀 때의 경험임을 식별하는 방법을 내가 가진 경우에만 의미를 가진다.

이런 대답의 위력은 꿈에 대한 개인적인 경험에 크게 의존한다. 어떤 사람의 꿈은 생시와 확연히 다를 수 있다. 그러나 많은 사람들은 일상의 경험과 구분할 수 없는 꿈을 꾼 적이 있다. 그리고 어떤 사람의 생시의 경험은 특히 술이나 마약의 영향하에 있을 때 꿈과 유사한 성질을 가질 수도 있다. 또한(꿈꾸는 사람이 꿈속에 있으면서 잠에서 깨어나 침대에서 나와 옷을 입고 아침밥을 먹는 등등을 꿈꿀 때와 같은) '잘못 깨어남'의 경험도 비교적 일반적이다. 그러나 이런 경우에도 꿈꾸는 사람은 일반적으로 이것이 생시인지 아닌지에 대해 물음을 제기하지 않는다. '내가 지금 꿈을 꾸고 있나?' 하는 물음이 의미가 있게 되는 때는 주로 그 사람이 실제로 깨어난 이후이다.

비판 3. '내가 꿈을 꾸고 있나?'라고 물을 수 없다

현대 철학자 노먼 말콤(Norman Malcolm, 1911~)은 꿈의 개념은 꿈꾸는 동안에 '내가 꿈을 꾸고 있나?'라고 묻는 것을 논리적으로 불가능하게 만든다고 논증했다. 물음을 제기한다는 것은 묻는 사람이 의식적 상태에 있음을 함축한다. 그러나 꿈을 꿀 때 나는 잠을 자고 있으므로 정의상 의식적 상태에 있는 것이 아니라고 말콤은 주장한다. 만일 내가 잠들어 있지 않다면 나는 꿈을 꿀 수 없다. 나는 오직 내가 그 물음을 제기하고 있다는 것만을 꿈꿀 수 있으며, 이것은 그 물음을 진정으로 묻는 것과는 다르다.

그러나 꿈에 관한 연구는 많은 사람들이 자는 동안에 여러 단계의 의식을 경험한다는 것을 밝혀냈다. 어떤 사람은 '투명한 꿈(lucid dreams)'이라는 것을 꾼다. 투명한 꿈이란 꿈꾸는 사람이 자신이 꿈을 꾸고 있다는 것을 의식하면서 계속해서 꿈을 꾸는 그런 종류의 꿈을 말한다. 이런 꿈의 존재는 꿈을 꾸면서 동시에 의식적이기는 불가능하다는 생각을 반박한다. 말콤이 범한 실수는 '꿈'을 요즈음은 사용되지 않는 의미로 재정의한 데 있다. 꿈은 필연적으로 비의식적 상태라고 말하는 것은 꿈에 대한 너무 단순한 견해이다.

나는 환각에 빠진 것이 아닌가

설령 내가 꿈꾸고 있지는 않다고 하더라도 환각 상태에 있을 수는 있다. 누군가가 나의 커피에 환각제를 몰래 넣어서 내가 실제로는 있지도 않은 것들을 보는 일이 가능할 수도 있다. 어쩌면 나는 실제로 펜을 손에 들고 있는 것이 아닐지 모른다. 어쩌면 나는 실제로 맑은 날 창가에 앉아 있는 것이 아닐지 모른다. 만일 아무도 내 커피에 환각제를 넣지 않았다면, 아마 나는 심각한 알콜중독에 걸려 바야흐로 환각을 일으키기 시작한 것인지 모른다. 그러나 비록 이런 일이 가능하다고는 해도, 이런 경우라면 나는 내 생활을 이렇게 쉽게 유지할 수 없을 것이다. 만일 내가 앉아 있는 의자가 그저 환상이라면 어떻게 그것이 나의 무게를 버티고 있겠는가? 이에 대한 한 가지 대답은 내가 먼저 자리잡고 앉아서 환각을 시작했을 수 있다는 것이다. 실제로는 시멘트 바닥에 누워 환각제를 먹었거나 또는 술 한 병을 통째로 마셔놓고는 내가 지금 막 안락의자에 앉아 있다고 생각할 수 있다.

나는 '단지 속의 뇌'에 불과한 것이 아닌가

외부 세계 그리고 이것과 나와의 관계에 관한 회의론 가운데 가장 극단적인 종류는 나는 아예 육체를 가지고 있지 않다고 상상하는 것이다. 나는 기껏해야 화학물질이 든 단지 안에서 떠다니는 뇌에 불과하다. 어떤 사악한 과학자가 나의 두뇌 곳곳에 전선을 연결하여 감각 경험을 하는 것처럼 착각하게 만들었다. 그 과학자는 일종의 경험 기계를 창조한 것이다.

나는(적어도 내가 보기에는) 아침에 일어나서 신문을 사러 가게로 걸어간다. 그러나 이럴 때 실제로 일어나고 있는 일은 그 과학자가 내 두뇌 중추의 어떤 부분을 자극하여 내가 그렇게 하고 있다고 착각하게 만들고 있는 것이다. 나의 오감을 통해 들어오고 있다고 생각하는 모든 경험은 사실은 이런 사악한 과학자가 나의 몸에서 분리해낸 두뇌를 자극한 결과이다.

이 경험 기계를 가지고 그 과학자는 내가 실제 생활에서 경험할 수 있는 모든 감각을 내게 일으킬 수 있다. 내 두뇌신경의 복잡한 자극을 통해 그 과학자는 내가 텔레비전을 보고 있고, 마라톤을 하고 있고, 책을 쓰고 있고, 파스타를 먹고 있고 등등의 내가 할 수 있는 모든 것에 대한 착각을 내게 제공할 수 있다. 이런 상황은 억지처럼 여겨지겠지만 사실은 그다지 억지가 아니다. 과학자들은 이미 '가상 현실'을 통해 경험에 관한 컴퓨터 시뮬레이션을 실험하는 단계에 있다.

사악한 과학자 이야기는 철학자들이 사고 실험(thought experiment)이라 부르는 것의 한 예이다. 이것은 우리의 개념과 일상적 가정의 어떤 특성들을 명료히 하기 위해 구상된 상상적 상황이다. 과학 실험과 마찬가지로 사고 실험을 통해서 철학자들은 복잡한 세부사항을 제거함으로써 그리고 진행 과정을 통제함으로써 탐구하려는 개념에 대한 중요한 것을 발견할 수 있다. 앞서 예로 든 사고 실험은 우리가 우리 경험의 원인에 대해 통속적으로 행하는 가정들 중 어떤 것을 보여주기 위해 마련한 것이다. 이러한 사고 실험이 현실의 참된 면을 제시하지 못한다는 것을, 즉 나는 어느 사악한 과학자의 실험실 한구석에 있는 단지 속의 뇌(a brain in a jar)가 아니라는 것을, 밝혀줄 수 있는 어떤 단서가 과연 있는가?

기억과 논리는 부정할 수 없다

내가 단지 속의 뇌일지도 모른다는 생각이 최종적 형태의 회의론처럼 보이기는 하지만, 사실 회의의 대상이 되는 가정들이 더 있다. 우리가 지금껏 논의했던 모든 논증들은 기억은 다소 신뢰할 만하다는 것을 전제한다. 우리가 우리의 감각이 믿을 만하지 못했던 때를 기억한다고 말할 때 우리는 이런 기억들이 정말로 기억들이라는 것을, 이것들은 그저 상상이나 기대의 산물이 아니라는 것을 전제하는 것이다. 그리고 단어들을 사용하는 모든 논증은 우리는 우리가 사용하는 단어들의 의미를 정확히 기억하고 있음을 전제한다. 그러나 우리 감각의 증거와 꼭 마찬가지로 기억도 신뢰할 만하지 못하다는 것은 이미 널리 알려진 사실이다. 나의 모든 경험과 내가 사악한 과학자에 의해 조작되는 '단지 속의 뇌'일지도 모른다는 견해가 양립할 수 있는 것처럼 버트란드 러셀(Bertrand Russell, 1872~1970)이 지적하듯이, 나의 모든 경험은 또한 이 세계는 완전한 '기억'을 가진, 즉 가공의 과거 전체를 기억하는 모든 사람들과 더불어 5분 전에 갑자기 존재하게 되었을 수 있다는 견해와도 양립할 수 있다.

그러나 만일 우리가 기억의 신뢰성을 진지하게 문제삼기 시작한다면, 모든 의사소통은 불가능해질 것이다. 만일 우리가 단어들의 의미에 관한 우리의 기억이 전반적으로 신뢰할 만하다는 것을 가정할 수 없다면, 우리는 심지어 회의론을 논할 길조차 없을 것이다. 한편으로 단지 속의 뇌를 조작하는 사악한 과학자에 관한 사고 실험은 이미 기억의 신뢰성에 관한 회의론을 도입하고 있다고 주장될 수 있다. 왜냐하면 그 과학자의 능력에는 단어의 의미를 마음대로 뒤바꿔서 그것을 우리의 기억 속에 심어넣을 수 있는 능력도 포함될 것이기 때문이다.

회의론자들이 거의 문제삼지 않는 두번째 종류의 가정이 논리의 신뢰성이다. 만일 회의론자들이 논리가 정말로 신뢰할 만한지 문제삼고자 한다면, 이런 시도 자체가 그들의 입장을 무너뜨릴 것이다. 회의론자들은 논리에 의존하는 논증들을 사용한다. 즉 그들의 목표는 자기 모순에 빠지는 것이 아니다. 그런데 만일 그들이 아무 것도 회의에 면제되어 있지 않다는 것을 입증하는 논리적 논증들을 사용한다면, 이것은 자신들의 논리적 논증들 자체도 유지될 수 없다는 것을 의미하게 된다. 그러므로 논증을 사용함으로써 회의론자들은 자신들이 일관성을 지키면서 말해야 하는, 그러면서 그 자체로는 불확실한, 어떤 것에 심각하게 의존하고 있는 듯이 보인다.

그러나 이러한 반대들이 착각 논증에 답하지는 못한다. 이것들은 다만 회의론이 한계가 있다는 것을 암시할 뿐이다. 즉 심지어 극단적인 회의론자조차도 의존해야 하는 어떤 가정들이 있다는 것이다.

나는 생각한다, 그러므로 나는 존재한다

사정이 이렇다면, 내가 확신할 수 있는 것은 아무것도 없는가? 이런 회의적 물음에 대한 가장 유명하고 중요한 답이 데카르트에 의해 주어졌다. 그는 비록 나의 모든 경험이 일부러 나를 속이는 어떤 사람 또는 어떤 것의 산물이라 할지라도 — 그는 사악한 과학자보다는 사악한 악령(evil demon)이라는 개념을 사용했다 — 내가 속임을 당하고 있다는 사실 자체가 내게 확실한 어떤 것을 밝혀줄 것이다. 그것은 나에게 나는 존재한다는 것을 알려준다. 왜냐하면 만일 내가 존재하지 않는다면 속이는 자가 속일 수 있는 어떠한 대상도 없을 것이기 때문이다. 이런 논증은 흔히 코기토(Cogito)라고 알려져 있는데, 이 코기토라는 말은 '나는 생각한다, 그러므로 나는 존재한다'를 의미하는 라틴어 '코기토 에르고 숨(Cogito ergo sum)'에서 온 말이다.

비판. 생각들이 존재할 뿐이다

어떤 사람들은 코기토 논증이 납득이 간다고 생각했다. 그렇지만 그 결론은 매우 제한되어 있다. 설령 우리가 내가 생각하고 있다는 사실이 내가 존재한다는 것을 입증한다는 것을 받아들인다 하더라도, 이것은 내가 무엇인지에 대해서 그것이 '생각하는 것(a thinking thing)'이라는 것말고는 아무 것도 말해 주는 바가 없다.

사실 에이어를 포함한 몇몇 철학자들은 이런 결론조차도 너무 지나친 것이라고 주장했다. 데카르트는 '나는 생각한다'는 말을 씀으로써 잘못을 범했다. 즉 만일 그가 자신의 일반적인 회의적 접근과 일관되려면, 그는 '사고들이 존재한다'고 말했어야 한다는 것이다. 그는 '만일 사고들이 존재한다면 따라서 사고하는 자가 존재해야 한다'는 가정을 하고 있는 것이다. 그런데 이것은 회의에 열려 있다. 아마도 사고들은 생각하는 자들로부터 독립해서 존재할 수도 있을 것이다. 아마도 모든 사고는 사고하는 자를 필요로 한다고 믿도록 우리를 이끄는 것은 우리의 언어가 그런 식으로 구조화된 탓일지도 모른다. '나는 생각한다'에서 '나'는 아무런 존재도 지칭하지 않는 'It is raining (비가 온다)'에서의 'It'과 똑같은 종류의 것인지도 모른다.

7. 우리는 외부 세계를 어떻게 인식하는가

우리는 상식적 실재론에서 출발하여 먼 길을 따라왔다. 감각에 관한 그리고 우리가 꿈을 꾸고 있을 수 있는지의 문제에 관한 회의적 논증을 거치면서, 우리는 이런 유형의 철학적 회의가 가지는 범위와 한계를 살펴보았다. 또한 이런 과정에서 우리는 상식적 실재론의 몇몇 한계점들을 발견했다. 특히 착각 논증은, 감각은 거의 언제나 우리에게 외부 세계의 본성에 관한 참된 정보를 제공한다는 가정이 그럴 듯하지 않음을 보여주었다. 우리의 감각이 쉽게 우리를 잘못 인도한다는 사실은 '대상들은 실제로 우리에게 보이는 그 모습대로이다'라는 견해에 대한 신뢰도를 감소시키기에 충분할 것이다.

대표 실재론

대표 실재론(representive realism)은 상식적 실재론의 변형이다. 이것은 대표적이라고 불린다. 왜냐하면 이 입장은 모든 지각이 외부 세계의 내적 대표물(inner representations)에 대한 앎의 결과라고 주장하기 때문이다. 내가 갈매기를 볼 때, 나는 상식적 실재론이 말하는 방식으로 직접 그것을 보는 것이 아니다. 나는 그 새와 직접적이고 감각적으로 접촉을 하지 않는다. 오히려 내가 아는 것은 그 갈매기의 내적 그림과 같은 어떤 것인 정신적 대표물(표상)이다. 비록 그 갈매기가 나의 시각 경험을 야기시키기는 하지만 직접적으로 그 갈매기에 관한 것은 아니다. 오히려 나의 감관이 산출한 그 갈매기의 대표물(표상)에 대한 경험인 것이다.

대표 실재론은 착각 논증이 제기하는 비판에 대한 대응을 제공한다. 앞서 보았던 색깔의 예를 살펴보자. 동일한 옷이 다른 불빛 아래서 다르게 보일 수 있다. 그 옷은 주홍색에서 검은색 사이의 어떤 색깔로 보일 것이다. 만일 우리가 그 옷의 섬유조직을 아주 가까이서 조사해 보면, 그것들이 여러 색깔들의 혼합임을 발견할 것이다. 그것이 지각되는 방식은 또한 관찰자에 의존한다. 즉 색맹인 사람은 내가 보는 방식과 전혀 다르게 그것을 볼 것이다. 이런 관찰에 비추어 그 옷이 정말로 붉다고 말하는 것은 의미가 없는 듯이 보인다. 그것의 붉음은 지각자와 독립되어 있지 않다. 이런 종류의 현상을 설명하기 위하여 대표 실재론은 제1성질과 제2성질이라는 개념을 도입한다.

제1성질과 제2성질

존 로크(John Locke, 1632~1704)가 바로 이러한 제1성질(primary quality)과 제2성질(secondary quality)이라는 개념을 사용했다. 제1성질은 어떤 대상이 지각되는 조건들에 상관없이 또는 그것이 지각되든 안 되든 상관없이, 그 대상이 실제로 가지고 있는 성질이다. 제1성질에는 크기, 모양 및 운동과 같은 것들이 속한다. 모든 대상들은 이러한 성질들을 가지고 있으며, 대표 실재론에 따르면 이런 성질에 관한 우리의 정신적 대표물들은 외부 세계의 실재 대상들과 밀접하게 닮아 있다. 과학은 물리적 대상들의 제1성질에 특히 관심을 가진다. 제1성질들에

208

의해 규정되는 특정 구조의 대상은 우리에게 제2성질들의 경험을 일으킨다.

제2성질은 색깔, 냄새 및 맛을 포함한다. 이런 성질들은 우리가 지각하는 대상들에 실재로 속하는 듯이, 즉 붉은색은 붉은 드레스를 이루는 일부인 듯이 보일지 모른다. 그러나 실제로 붉음이라는 것은 정상적 조건하에서 정상적 관찰자에게 붉은 이미지들을 산출하는 하나의 힘이다. 마치 붉은 드레스의 모양이 그 드레스를 형성하는 일부인 것과 같은 방식으로, 붉은색이 그 드레스의 일부는 아니다. 제2성질의 관념은 실재의 대상을 닮아 있지 않다. 오히려 그것들은 부분적으로 인간 특유의 감각 체계의 산물이다. 간접 실재론자들에 따르면 우리가 붉은 드레스를 볼 때, 우리는 어떤 정신적 이미지를 보며, 그 이미지는 어느 정도 그것을 일으킨 실재의 드레스와 일치한다. 그 이미지에서 붉은 드레스의 붉음(이 드레스의 제2성질)은 실재 드레스의 실재 성질들과 닮아 있지 않다. 그러나 이미지에서의 그 드레스의 모양(드레스의 제1성질)은 그 붉은 드레스의 모양과 전형적으로 닮아 있다.

만일 어떤 종류의 외계인, 예를 들어 화성인이 지구에 착륙한다면, 이들은 우리가 대상들에 부여하는 성질과 아주 다른 제2성질을 부여함으로써 대상들을 다르게 지각할 것이다. 이들은 우리와 전혀 다른 감각 기관들을 가질 공산이 크기 때문이다. 그러나 대표 실재론에 따르면, 화성인들에게 특정한 감각 경험을 일으키는 것은 여전히 대상의 제1성질인 크기, 모양 및 운동일 것이다. 그리하여 화성인은 복숭아를 물기 없고 쓴, 보라색의 과일로 지각할지도 모른다. 복숭아의 이러한 제2성질은 동일한 제1성질에 의해, 즉 인간에게는 복숭아를 물기가 많고 달콤한 노란 과일로 경험하도록 만드는 바로 그 제1성질에 의해 산출되었을 것이다.

외부 세계의 대상들은 실제로는 제1성질만을 가진다. 이것들이 자신들을 지각하는 사람들 안에 제2성질을 생산하는 것이다. 따라서 대상의 제1성질은 고정되어 있지만 이것이 생산하는 제2성질은 지각자에 따라 달라질 수 있다. 그러나 외부 세계의 지각에 관한 이론으로서의 대표 실재론에 대해서도 많은 반대가 있다.

비판 1. 이미지를 해석하는 자는 누구인가

대표 실재론에 대한 한 가지 비판은 이것이 지각을 이해하는 문제를 한 단계 후퇴시키는 듯이 보일 뿐이라는 데 있다. 대표 실재론에 따르면, 우리가 어떤 것을 지각할 때, 우리는 일종의 정신적 표상을 통해서 그렇게 한다. 그러므로 어떤 사람이 나를 향해 다가오고 있는 것을 바라보는 것은 마치 이런 일이 진행되고 있는 영화를 보고 있는 것과 같다. 그런데 이것이 사실이라면, 무엇이 스크린의 이러한 이미지를 해석하고 있는 것일까? 이것은 마치 나의 머리 속에 작은 사람이 앉아서 현재 진행되고 있는 것을 해석하고 있는 상황과 흡사하다. 그러면 아마도 이 작은 사람은 또 다시 해석된 것을 다시 해석하고 있는 더 작은 사람을 그의 머리 속에 가지고 있어야 할 것 같다. 그리고 이런 상황은 무한히 계속된다. 그런데 내가 나의 머리 속에 무한한 수의 작은 해석자들을 가지고 있는 일은 거의 가능하지 않은 것 같다.

비판 2. 실재 세계는 알려질 수 없다

대표 실재론에 대한 주요 반대 가운데 하나는 이 이론이 실재 세계를 알 수 없는 것으로 만든다는 것이다. 우리가 경험할 수 있는 모든 것은 기껏해야 세계에 대한 우리의 정신적 대표물들에 불과하며, 우리는 이것들을 실재 세계와 비교할 길이 없다. 이것은 마치 우리 각자가 개인 영화상영실에 갇혀 이곳을 벗어나는 것이 결코 허용되지 않는 것과도 같다. 스크린을 통해 우리는 다양한 영화들을 본다. 그리고 우리는 그것들이 실재 세계의 있는 그대로를 ─ 또는 적어도 대상들의 제1성질로 대표(표상)되는 세계를 ─ 보여준다고 가정한다. 그러나 우리는 영화상영실 밖으로 나가 이러한 가정의 진위를 확인할 수 없기 때문에, 영화를 통해 본 세계와 실재 세계 사이의 유사성이 얼마나 큰지에 대해 결코 알 수 없다.

이것은 대표 실재론만이 가지는 고유한 문제이다. 이 이론은 대상들이 갖고 있는 제1성질의 정신적 대표물들이 외부 세계에 있는 대상들의 실재 성질과 닮아 있다고 말한다. 그러나 만일 이것이 참인지 확인할 길이 없다면, 우리는 이것을 믿어야 할 이유가 없다. 만일 동전에 대한 나의 정신적 대표물이 원형이라면, 나는 이것이 동전의 실제 모양과 일치한다는 것을 확인할 길이 없다. 나는 나의 감각 증거에만 제한되어 있으며, 이 감각은 정신의 대표물로써만 작용하기에 나는 결코 그 동전의 실재 성질에 관한 직접 정보를 얻을 수 없다. 이런 종류의 반대는 버클리 주교(Bishop Berkeley, 1685~1753)에 의해 제기되었는데, 그는 제2성질과 마찬가지로 제1성질도 지각하는 사람의 마음에 속하는 것이어야 한다고 주장했다. 그는 다음 논의될 '관념론'으로 유명하다.

비판 3. 제1성질에도 착각이 적용된다

제1, 제2성질의 구분을 채택한 주요 논거는 동일 대상이 다른 조건하에서 또는 다른 사람들에 의해서 관찰될 때 서로 다른 제2성질을 가질 수 있다는 사실이었다. 결과적으로 제2성질은 단순히 대상을 기술하는 것이 아니라 오히려 대상과 그 관찰자 사이의 관계를 기술한다는 것이다. 모양과 크기 같은 대상들의 제1성질은 대상들의 실제 성질로 생각되었다. 그러나 제1성질도 제2성질과 마찬가지로 착각을 일으킬 수 있다. 모양은 제1성질이다. 그러나 이미 언급되었듯이 둥근 동전은 어떤 각도에서 보면 타원형으로 보일 수 있다. 크기도 또한 제1성질이다. 그러나 먼 거리에서 대상들의 크기에 대한 잘못된 판단을 하는 일은 흔하다.

이에 반대해서 우리가 실수를 이야기할 수 있다는 사실 자체가 문제의 제1성질들에 대해 옳은 판단과 같은 것이 있다는 것을 전제한다고 주장할 수 있겠다. 동전은 타원형으로 보인다. 그러나 그것은 실제로는 원형이다. 저 집은 조그맣게 보인다. 그러나 사실 그 집의 높이는 30피트나 된다. 그러나 우리는 같은 얘기를 대상의 제2성질에 대해서도 할 수 있다. 저 옷은 검게 보인다. 그러나 그것은 실제로는 어두운 붉은색이다. 둘 다의 경우에 '실제로'가 의미하는 바는 결국 '정상적 조건에서 지각될 때'인 것이다. 이런 점에서 제1성질과 제2성질 사이에 칼로 자른 듯한 구분은 없다.

관념론

관념론(Idealism)은 대표 실재론에서 생기는 많은 어려움을 피하는 이론이다. 이것 다음에 나올 이론과 마찬가지로 관념론은 감각적 소여를 세계에 대한 우리 경험의 기본 구성요소로 삼는다. 그러므로 이 이론 역시 우리 경험 전부는 세계에 관한 것이라기보다는 정신적 대표물들이라고 하는 개념에 기초하고 있다. 그러나 관념론은 대표 실재론보다 한 걸음 더 나아가서, 외부 세계가 존재한다고 말하는 데 아무런 정당성이 없다고 논증한다. 대표 실재론을 비판할 때 살펴보았듯이 외부 세계는 알려질 수 없기 때문이다.

이것은 바보 같은 소리처럼 들린다. 우리가 외부 세계에 대해 틀리게 말하고 있다고 그 누가 진지하게 주장할 수 있겠는가? 분명히 모든 증거가 이와 반대쪽을 가리키고 있다. 이에 대한 관념론자의 답변은 물리적 대상들—성 바오로 사원, 나의 책상, 다른 사람들 등—은 이것들이 지각되고 있는 동안에만 존재한다는 것이다. 우리는 우리의 경험 너머에 실재 세계가 있다고 하는 생각을 도입할 필요가 없다는 것이다. 우리가 알 수 있는 것은 오직 우리의 경험뿐이다.

물론 '나는 지금 기타처럼 생긴 것을 시각적으로 경험하고 있다'고 말하기보다는 '저기에 내 기타가 보인다'라고 말하는 것이 더 편리하다. 그러나 관념론자는 나중의 표현은 앞의 표현을 줄여서 말한 것일 뿐이라고 주장한다. '내 기타'라는 말은 나의 지각들과 독립해서 존재하는 어떤 물리적 대상을 지칭하는 것이 아니라, 어떤 감각 경험들의 반복되는 유형을 지칭하는 편의적 방식일 뿐이다.

우리 모두는 개인 영화상영실에 갇혀서 영화를 관람하고 있다. 그러나 영화상영실 바깥에 진짜 세계가 존재하는 것은 아니다. 우리는 그곳을 떠날 수 없다. 밖에는 아무 것도 없기 때문이다. 그 영화가 우리의 유일한 현실인 것이다. 아무도 스크린을 바라보지 않을 때, 영사기의 불은 꺼지지만 필름은 영사기에서 계속 돌아간다. 내가 스크린을 볼 때마다, 불이 다시 들어오고 필름은 계속 돌아갔던 만큼을 뛰어넘은 그 지점에서 정확히 다시 진행된다.

이런 이론의 한 가지 귀결은 대상은 오직 그것이 지각되는 동안에만 존재한다는 것이다. 한 대상이 나의 개인 영화상영실의 스크린에 영사되지 않을 때, 그것은 더 이상 존재하지 않는다.

가장 유명한 관념론자인 버클리 주교는 '에세 에스트 페르키피(esse est percipi)'라고 선언했는데, 이 라틴어는 '존재하는 것은 지각되는 것이다(to exist is to be perceived)'라는 뜻이다. 그러므로 내가 어떤 방을 떠나면 이 방은 존재하기를 멈춘다. 내가 눈을 감으면 이 세계는 훌쩍 사라진다. 내가 눈을 깜빡일 때, 그 순간 내 앞에 있던 것은 무엇이든 더 이상 존재하지 않는다—물론 이러한 주장들은 다른 어느 누구도 이런 것들을 그 순간에 지각하고 있지 않다는 가정을 전제한다.

비판 1. 우리는 환각과 꿈을 실재에 관한 경험과 구분한다

첫눈에 보아도 이런 종류의 지각 이론은 환각과 꿈을 다루기 어렵다는 것을 알 수 있다. 만일 우리가 경험하는 것이 모두 우리 자신의 관념들이라면, 어떻게 우리는 실재와 상상을 구별할 수 있는가?

그러나 관념론자는 이것을 설명할 수 있다. 실재의 물리적 대상은 감각 정보의 반복적 유형이다. 나의 기타는 예측가능한 방식으로 발생하는 감각 정보의 한 유형이다. 나의 기타에 관한 시각적 경험은 나의 기타에 관한 촉감적 경험과 잘 들어맞는다. 즉 나는 벽에 기대어 서 있는 나의 기타를 볼 수 있으며 그곳으로 가서 만져볼 수 있다. 나의 기타에 관한 경험들 각각은 규칙적인 방식으로 서로 관련되어 있다. 만일 내가 기타에 대한 환각을 가지고 있다면, 나의 경험 사이에 그러한 상호관련은 없을 것이다. 즉 아마도 내가 기타를 연주할 때 나는 예상되는 촉각 경험을 가지지 못할지 모른다. 또는 나의 기타에 관한 시각적 경험이 전혀 예측할 수 없는 방식으로 나타날지도 모른다. 즉 내 기타가 갑자기 내 앞에 나타났다가 훌쩍 사라질 수도 있다.

이와 마찬가지 방식으로 관념론자는 우리가 어떻게 꿈과 생시를 구분할 수 있는지 설명할 수 있다. 감각 경험이 서로서로 연결되는 여러 가지 다른 방식을 가지고 말이다. 즉, 어떤 경험이 환각인지 꿈인지 실재 경험인지를 확인시켜주는 것은 직접 경험의 본래적 성질이 아니다. 오히려 그 경험과 다른 경험 사이의 관계이다. 즉 경험의 전반적 맥락인 것이다.

비판 2. 유아론에 이른다

지각 관념론에 대한 주요한 비판은 이것이 유아론(solipsism)에 귀결되는 듯이 보인다는 것이다. 여기서 유아론이란 존재하는 것은 오직 나의 마음이며, 다른 모든 것은 내 자신이 창작한 것이라는 견해이다. 만일 내가 경험할 수 있는 유일한 것들이 나 자신의 관념이라면, 이것은 어떠한 물리적 대상도 존재하지 않는다는 견해뿐만 아니라, 다른 사람들도 존재하지 않는다는 견해로 귀결된다(제9장의 '타인의 마음은 존재하는가' 참조). 내가 가진 다른 사람의 존재를 보여주는 증거의 양은 다른 물리적 대상들의 존재를 보여주는 증거의 양을 넘지 못한다. 즉 나는 양자의 경우에 오직 감각 정보의 반복적 유형만을 가진다. 그리고 나의 경험을 일으키는 실제의 물리적 대상들이 존재한다는 생각을 거부했기 때문에 내 마음속의 관념을 제외한 어떠한 것도 존재하지 않게 된다. 아마도 세계 전체가 그리고 그 안의 모든 것이 내 마음의 창조물일지 모른다. 아마도 다른 사람들은 존재하지 않을지 모른다. 이것을 영화상영실의 예에 적용시키면 아마도 나의 개인 영화상영실과 여기에 비치된 여러 종류의 필름들이, 존재하는 전부일지 모른다는 것이다. 다른 개인의 영화상영실은 없다. 나의 영화상영실 바깥에는 아무 것도 존재하지 않는다.

왜 어떤 이론이 유아론에 빠진다는 지적이 그 이론에 대한 비판이 되는가? 유아론은 어떤 견지할 만한 철학적 입장이라기보다는 정신병, 즉 과대망상증에 가깝기 때문이라는 것이 한 가지 대답이다. 아마도 좀더 설득력 있는 답변은 사르트르가 『존재와 무』에서 제시한 것일 것이다. 거의 모든 행위를 통해 우리 모두가 보여주는 것은 우리가 우리 자신말고 다른 사람들의 마음이 존재한다고 믿고 있다는 사실이다. 달리 말하면, 유아론은 우리 중 누구도 마음대로 쉽게 채택할 수 있는 그런 입장이 아니라는 것이다. 즉 우리는 다른 사람이 존재한다는 가정에 워낙 익숙해 있기 때문에 일관되게 유아론자로 행세한다는 것은 거의 상상조차 하기 힘들다는 것이다.

'수치심'이나 '당혹감' 같은 사회적 감정을 예로 들어보자. 만일 내가 열쇠구멍으로 훔쳐보기와 같은 보이고 싶지 않은 어떤 일을 하다가 들켰다고 한다면, 나는 대개의 경우에 수치심을 느낄 것이다. 그러나 만일 내가 유아론자라면 이는 말도 안 된다. 수치심이라는 개념 자체가 무의미할 것이다. 유아론자로서 나는 내가 존재하는 유일한 마음이라고 믿을 것이다. 즉 나를 평가할 누구도 존재하지 않을 것이다. 마찬가지로 유아론자로서 당혹감을 느끼는 것은 바보 같은 짓이다. 나 자신말고는 그 누구도 나에게 당혹감을 느끼게 할 수 없을 것이다. 우리들 모두가 얼마나 철저히 우리 자신의 경험 너머에 있는 세계의 존재에 대한 신념에 사로잡혀 있는지를 고려한다면, 어떤 철학적 입장이 유아론에 귀결된다는 지적은 그 입장의 그럴 듯함을 무너뜨리기에 충분할 것이다.

비판 3. 물리적 대상의 존재를 인정하는 것이 더 간단하다

관념론은 또한 다른 근거에서 비판될 수 있다. 비록 우리가 가진 모든 것이 우리 자신의 감각 경험뿐이라는 관념론자들의 주장에 동의한다 하더라도, 우리는 여전히 무엇이 이런 경험을 일으키는지 그리고 왜 그 경험이 그러한 규칙적 유형을 유지하는지 알고 싶을 것이다. 왜 감각 경험은 우리가 일상적으로 일컫는 '물리적 대상들'을 중심으로 그리 쉽게 배열될 수 있는가? 분명 이에 대한 가장 간단한 대답은 물리적 대상이 바깥 외부 세계에 실제로 존재하며, 물리적 대상이 물리적 대상에 관한 감각 경험을 일으킨다고 말하는 것이다. 이것이 사무엘 존슨 (Samuel Johnson, 1709~1784)이 명백히 의도한 답변이다. 그는 버클리 주교의 관념론에 대응해서 딱딱한 큰 돌을 발로 차고는 '이제 나는 그것을 반박했다'고 선언했다.

버클리는 우리의 감각 경험을 일으키는 것은 물리적 대상이 아니라 신이라고 주장했다. 신은 우리에게 질서있는 감각 경험을 주었다. 신은 모든 대상을 쉼없이 지각하기에, 인간이 세계로 지각하지 않을 때에도 세계는 계속해서 존재한다. 그러나 1장에서 보았듯이 신의 존재는 당연시되기 어렵다. 많은 사람들에게는 실제 물리적 대상의 존재가 우리 경험의 원인에 관한 설명으로서 훨씬 더 받아들일 만한 가설일 것이다.

관념론자들은 어떤 것이 존재하기 위해서는 그것이 지각되어야만 한다고 믿는다. 이렇게 믿는 한 가지 이유는 그 반대가 사실이라는 것을 알기 위해서 그 누군가가 확인하는 것이 논리적으로 불가능하기 때문이다. 누구도 나의 기타가 아무도 이것을 지각하고 있지 않을 때 정말로 존재하기를 멈추는지 확인할 수 없다. 그것을 관찰하기 위해서는 누군가가 그것을 지각해야 하기 때문이다. 만일 이것이 가능하다고 하더라도, 나의 기타가 지각되지 않을 때에도 지속적으로 존재한다는 사실을 지지하는 많은 증거가 있다. 왜 나의 기타가 다음날 아침 내가 잠에서 깨어났을 때 여전히 벽에 기대어 서 있는지에 대한 가장 간단한 설명은 아무도 그것을 옮겨놓거나 빌려가거나 훔쳐가지 않았고, 그것은 밤새 지각되지 않고도 존재하기를 계속했다고 말하는 것이다. 현상론이라는 이론은 이렇게 훨씬 그럴 듯한 가정을 설명하기 위해 관념론에서 발전된 이론이다.

현상론

현상론(phenomenalism) 역시 관념론처럼 우리는 오직 감각 경험에만 직접 접할 수 있고, 외부 세계에는 결코 접할 수 없다는 생각에 기초한 지각 이론이다. 관념론과 갈라서는 지점은 물리적 대상의 설명이다. 관념론자들이 물리적 대상이라는 개념을 한 그룹의 감각 경험에 대한 줄임말로 보는 반면에, J. S. 밀과 에이어 같은 현상론자들은 물리적 대상을 순전히 '현실적이고 가능한 감각 경험의 유형'이라는 용어로 설명할 수 있다고 생각한다. 내 기타에 관한 감각 경험의 가능성은 내가 실제로 그것을 바라보거나 만지고 있지 않을 때에도 계속해서 존재한다. 현상론자들은 물리적 대상에 대한 모든 기술(descriptions)은 현실적 또는 가언적 감각 경험에 관한 기술로 해석될 수 있다고 믿는다.

현상론자는 개인 영화상영실에 갇혀서 영화를 보는 사람과도 같다. 그러나 우리가 영화를 보지 않을 때 스크린 위에 대표되던 사물들이 존재하기를 멈춘다고 믿는 관념론자와 달리, 현상론자는 이 대상들은 이것들이 그 순간 스크린 위에 영사되지 않을지라도 가능한 경험으로서 계속해서 존재한다고 생각한다. 게다가 현상론자는 스크린에 나타나는 모든 것은 물리적 대상과 관계 없이 감각 경험에 관한 언어로 기술될 수 있다고 믿는다.

현상론은 다음과 같은 방식으로 비판될 수 있다.

비판 1. 물리적 대상들을 감각 경험으로 기술하는 것은 어렵다

'나의 기타는 지각되지 않을 때에도 내 침실 벽에 기대어 서 있다'와 같은 물리적 대상 언명을 오직 감각 경험에 관한 용어로만 표현하는 일은 지극히 복잡하다. 사실 이런 식으로 물리적 대상을 기술하려는 모든 시도는 실패했다.

비판 2. 유아론에 빠진다 : 사적 언어 논증

관념론과 마찬가지로 현상론도 유아론에 빠지는 것 같다. 다른 사람들이란 다름아닌 내가 가질 수 있는 현실적이거나 가능한 지각 경험에 불과한 것이 된다. 우리는 이미 유아론에 대한 여러 반대들을 검토했다. 루드비히 비트겐슈타인(Ludwig Wittgenstein, 1889~1951)의 『철학적 탐구』에서 독창적으로 사용된 사적 언어 논증(Private Language Argument)은 현상론의 이러한 측면에 추가적인 비판을 제공한다.

현상론은 각 개인이 오직 자신의 직접 경험에 기초해서만 개별적 감각의 정체를 확인하고 이름붙일 수 있다고 가정한다. 감각에 대한 이러한 정체확인(identification) 및 재정체확인(re-identification)은 공적인 물리적 대상들의 존재에 의존하는 것이 아니라 어디까지나 사적 경험에 의존한다. 사적 언어 논증은 감각에 대한 이러한 사적인 이름붙임과 재정체확인이 불가능하며, 따라서 현상론을 견지할 수 없다는 것을 밝혀준다.

　모든 언어는 규칙들에 의존하며, 규칙들은 이것들이 옳게 적용되어졌는가를 확인하는 길이 있다는 사실에 의존한다. 어떤 현상론자가 붉은색의 감각을 가진다고 가정하자. 어떻게 그는 이 감각이 자신이 이전에 '붉은색'이라고 이름붙였던 다른 것들과 동일한 색깔임을 확인할 수 있는가? 이것은 확인할 수가 없다. 왜냐하면 현상론자에게 그것의 붉음과 그가 그것이 붉다고 생각하는 것 사이에는 거의 아무런 관련이 없기 때문이다. 그러한 확인은 마치 어떤 사람이 기차 시간에 대한 기억이 맞는지 확인해 보려고 자신의 기억을 실제 시간표와 맞추어보기보다는 자신의 기억을 그것 자체와 맞추어보는 것과도 같다. 이런 방법은 사적인 확인이지 공적인 확인이 아니며, '붉다'라는 말의 공적 사용이 맞는지를 확인하는 데 사용될 수 없는 것이다. 그러므로 현상론자가 자신의 경험을 이런 식의 자기 확신적 언어로 기술할 수 있다고 가정하는 것은 잘못이다.

인과 실재론

인과 실재론(causal realism)은 우리 감각 경험의 원인은 외부 세계의 물리적 대상들이라고 가정한다. 인과 실재론은 우리 감각의 주요한 생물학적 기능이 우리 주변 환경 속에서 길을 찾도록 우리를 돕는 것이라는 관찰을 출발점으로 삼는다. 인과 실재론에 따르면, 내가 나의 기타를 볼 때 실제로 일어나고 있는 것은 그 기타로부터 반사된 빛이 나의 망막에 그리고 내 두뇌의 다른 부위에 특정한 효과를 일으키는 것이다. 이것이 나로 하여금 내가 지금 보고 있는 것에 관한 일정한 신념을 습득하게 해 준다. 신념 습득의 경험이 바로 내 기타를 보는 경험인 것이다.

우리가 지각적 신념을 습득하는 경로를 아는 것은 중요하다. 그저 아무 경로나 다 통하는 것은 아니다. 내가 실제로 나의 기타를 보기 위해 필요한 것은 나의 기타가 내가 그것에 대해 습득하는 신념의 원인이어야 한다는 사실이다. 보는 행위의 적절한 인과적 고리는 나의 망막에 빛을 반사하는 어떤 대상과 내 두뇌 안에서 이러한 정보를 후속적으로 처리하는 과정에 의해 생겨난다. 예를 들어 만일 내가 약 기운에 절어 있거나 환각상태에 있다면, 나의 기타를 보지 못할 수도 있다. 기타보다는 약이 내 신념의 원인일 것이기 때문이다.

보는 것은 내 주변의 정보를 습득하는 것의 문제이지 어떤 종류의 정신적 대표물을 산출하느냐의 문제가 아니다. 대표 실재론과 마찬가지로 인과 실재론은 우리가 경험하든 안 하든 지속적으로 존재하는 외부 세계가 정말로 있다는 것을 가정한다. 이 이론은 또한 우리의 감각 기관들을 통해 우리가 얻는 신념은 일반적으로 참이라는 것을 가정한다. 이것이 진화의 과정 속에서 자연 선택의 결과로서 우리의 감각 수용기관들이 현재의 상태에 이르게 된 이유이다. 즉 이 기관들은 우리의 환경에 관한 신뢰할 만한 정보를 우리에게 주는 경향이 있다는 것이다.

지각에 관한 다른 경쟁 이론에 대해 인과 이론이 가지는 또 하나의 커다란 강점은 우리의 기존 지식이 우리가 지각하는 것에 영향을 미친다는 사실을 설명할 수 있다는 데 있다. 정보를 습득할 때 우리의 분류 체계 및 우리의 기존 지식은, 우리가 들어오는 정보를 다루는 방식과 우리가 선택해야 하고 의미있는 것으로 해석해야 할 대상에 직접적으로 영향을 미친다. 우리는 다음 장의 '관찰'에 관한 절에서 이것에 대해 다시 살펴볼 것이다.

비판 1. 시각 경험을 정보 수집에 한정한다

인과 실재론에 대한 주요 비판은 이것이 어떤 것을 본다는 것이 실제로 무엇과 같은 것인지에 대해, 즉 시각의 질적인 측면에 대해 적절한 설명을 제시하지 못한다는 것이다. 이 이론은 지각 경험을 정보 수집의 한 형태로 환원시킨다. 그렇지만 인과 실재론은 현재까지는 가장 만족스러운 지각 이론이다.

비판 2. 실재하는 세계를 가정한다

인과 실재론은 지각하는 사람과 독립해서 바깥에 존재하는 실재 세계가 있다고 가정한다. 이런 가정이 바로 형이상학적 가정이라고 알려져 있는 것이다. 달리 말해서, 이것은 실재의 본성에 관한 가정이다. 관념론적 성향을 가진 사람은 이러한 형이상학적 가정이 용납될 수 없다고 생각할 것이다. 그러나 우리 대부분은 우리와 독립된 실재 세계가 존재한다고 하는 신념에 사로잡혀 있기 때문에, 이러한 가정은 인과 실재론에 대한 비판이기보다는 오히려 유리한 점으로 보일 수 있다.

결론

이 장에서 우리는 외부 세계와 우리의 관계에 관한 주요 철학적 이론들을 탐색해 보았다. 다음 장은 세계에 관해 탐색하는 한 가지 특정한 방식, 즉 과학적 탐구 방식에 초점을 맞춘다.

더 읽을 책들

데카르트의 회의적 논증들은 그의 『성찰』 첫번째에 제시되어 있으며, 그의 코기토 논증은 두번째의 초두에 있다. 이것들은 모두 『방법서설과 성찰』(René Descartes, *Discourse on Method and the Meditations*, London : Penguin Classics, 1968)에 수록되어 있다. 현재까지 데카르트 철학에 대한 가장 좋은 입문서로는 이미 앞에서 언급했던 메기가 편집한 『위대한 철학자들』에 나오는 버나드 윌리엄즈(Bernard Williams)의 인터뷰 내용이다.

프리스트의 『영국 경험론자들』(Stephen Priest, *The British Empiricist*, London : Penguin, 1990)은 '머리말'에서 이미 추천한 것이지만 이 장에 나오는 주제들 중 다수를 다루고 있다.

오코너와 카의 『지식론 입문』(D. J. O' Connor and Brian Carr, *Introduction to the Theory of Knowledge*, Brighton : Harvester, 1982)은 에이어의 『지식의 문제』(A. J. Ayer, *The Problem of Knowledge*, London : Penguin, 1956)와 더불어 이 분야에 대한 유용한 입문서이다.

러셀의 『철학의 문제들』(Bertrand Russell, *The Problems of Philosophy*, Oxford : Oxford University Press, 1912)은 여전히 읽을 만한 가치가 있다. 이 책은 인식론적 문제들을 중심으로 한

간략한 철학 입문서이며, 금세기 대부분의 시기에 걸쳐 대학에서 철학을 공부하고자 하는 사람들을 위한 추천 도서였다.

8. 과학적 방법이란 무엇인가

과학은 인간이 달에 갈 수 있게 해주었고, 결핵 치료를 가능하게 해주었다. 뿐만 아니라 원자폭탄, 자동차, 비행기, 텔레비전, 컴퓨터 등 우리 일상생활의 모습을 바꾸어준 많은 장치들을 발명할 수 있게 해주었다. 일반적으로 과학적 방법은 자연 세계의 움직임을 발견하고 예측하는 일에 관한 한 가장 효과적인 방법이라고 생각된다. 물론 과학적 발명물이라고 해서 모두가 인간에게 유익한 것은 아니었다―명백히 과학적 발전들은 인간의 삶을 향상시키는 일뿐만 아니라 파괴하는 일에도 사용되었기 때문이다. 그러나 과학이 자연 세계를 성공적으로 조작할 수 있게 했다는 사실은 부인하기 어려울 것이다. 과학은 결과를 낳았다. 이에 비해 마법, 마술, 미신 및 단순한 전통은 스스로 보여줄 것이 거의 없었다.

과학적 방법은 이전의 지식 획득 방법에 비하면 커다란 진일보였다. 역사적으로 과학은 '권위에 의한 진리'의 자리를 대신했다. 권위에 의한 진리는 여러 중요한 '권위자들'의 견해를 진리로 받아들이는 것을 의미한다. 고대 그리스 철학자 아리스토텔레스(Aristoteles, 384~322 BC) 또는 교회의 가르침 따위가 이를 대표하며, 무엇을 주장하느냐가 아니라 누가 주장하느냐에 따라 수용 여부가 결정되었다. 이와 달리 과학적 방법은 테스트의 필요성과 어떤 주장이든 이에 대해 자신하기 전에 먼저 결과들에 관한 상세한 관찰을 행할 필요성을 강조했다.

그런데 이런 과학적 방법이란 과연 무엇인가? 이것은 우리 모두가 믿을 수 있을 만큼 정말로 신뢰할 만한 것인가? 과학은 어떻게 진행되는가? 이런 종류의 것들이 과학철학자가 제기하는 물음이다. 여기서 우리는 과학적 방법의 본성에 관한 가장 중요한 논쟁을 검토할 것이다.

과학적 방법에 관한 단순한 견해

　과학적 방법에 관한 단순하지만 널리 퍼져 있는 견해는 다음과 같다. 과학자는 세계의 어떤 측면(예를 들어 물에 열을 가한 결과)에 대한 다수의 관찰을 하는 것에서 출발한다. 이 관찰은 가능한 한 객관적이어야 한다. 즉 과학자는 자료를 기록할 때 편향과 편견이 없도록 해야 한다. 일단 과학자가 관찰에 기초한 수많은 자료를 수집하면, 다음 단계는 특정 유형의 결과를 설명하는 이론을 창안하는 일이다. 이 이론은 만일 그것이 좋은 이론이라면 어떤 일이 일어났는지를 설명할 것이며, 또한 미래에 어떤 일이 일어나기 쉬운지 예측할 것이다. 만일 미래의 결과가 이러한 예측에 잘 들어맞지 않으면, 과학자는 보통 그 결과를 포함시키기 위해 이론을 수정할 것이다. 자연 세계는 매우 규칙적이기 때문에 과학적 예측은 매우 정확할 수 있다.

예를 들어 어떤 과학자는 정상 조건에서 섭씨 100도에 이를 때까지 물에 열을 가함으로써 물이 끓고 증발하기 시작하는 것을 관찰한다. 그 다음에 그는 다른 온도와 압력하에서 물의 상태를 수차례 좀더 관찰할 것이다. 이런 관찰에 기초해서 과학자는 온도와 압력에 관련된 물의 끓는 점(비등점)에 관한 이론을 제시할 것이다. 이 이론은 그 과학자가 행한 특정한 관찰을 설명할 뿐만 아니라, 그것이 좋은 이론이라면 또한 다양한 온도와 압력하에서 물의 변화에 관한 미래의 모든 관찰을 예측한다. 이런 견해에 따르면 과학적 방법은 관찰에서 시작하여 이론으로 나아가고, 예측력을 동반하는 일반화(또는 보편 언명)를 낳는다. 이 일반화는 만일 그것이 좋은 일반화라면 자연 법칙으로 간주될 것이다. 예를 들어 정상 온도와 압력하에서 물은 섭씨 100도에서 끓는다는 언명은 하나의 자연 법칙이다. 과학은 최초의 시험을 다시 해보고자 하는 그 누구에 의해서도 확인될 수 있는 객관적 결과를 낳는다.

과학적 방법에 관한 이런 견해는 놀라울 정도로 널리 퍼져 있으며, 심지어 현장의 과학자들 사이에서조차 그러하다. 그러나 이런 견해는 여러 가지 면에서 만족스럽지 못하다. 이 견해의 가장 큰 문제는 관찰의 본성에 관한 가정과 귀납 논증에 관한 가정에 있다.

비판 1. 우리의 지식과 기대가 관찰에 영향을 미친다

앞서 살펴보았듯이, 과학적 방법에 관한 단순한 견해가 말하는 바는 과학자는 편향되지 않은 관찰을 통해 이것들을 설명하는 이론을 세우게 된다는 것이다. 그러나 이렇게 말하는 것은 관찰이 정말로 무엇인지를 정확히 설명하지 못한다. 즉 단순한 견해는 우리의 지식과 기대가 우리의 관찰에 영향을 미치지 않으며 편견을 완전히 벗어난 관찰이 가능하다는 것을 가정하고 있다.

앞 장에서 지각에 대해 논의할 때 제기되었듯이, 무엇을 본다는 것은 단순히 당신의 망막 위에 이미지가 생기는 것이 아니다. 철학자 헨슨(N. R. Hanson, 1924~67)이 지적했듯이 '본다는 것에는 안구에 마주치는 것 이상의 무엇이 있다.' 우리에게 보이는 것에 관한 우리의 지식과 기대가 우리가 실제로 보는 것에 영향을 미친다. 예를 들어 내가 전화 교환기의 전선들을 바라볼 때, 나는 그저 뒤엉킨 색색의 전선들을 볼 뿐이다. 같은 것을 보는 전화 기술자는 특정 유형의 접속 같은 것을 볼 것이다. 전화 기술자의 배경적 신념이 그가 실제로 보는 것에 영향을 미친다. 요점은 그 기술자와 내가 동일한 시각 경험을 가지지만 서로 다른 해석을 하게 된다는 것이 아니다. 지각에 관한 인과 실재론이 강조하듯이, 오히려 시각 경험은 우리가 보고 있는 대상에 관한 우리의 신념과 분리될 수 없다는 것이다.

이런 점을 드러내 주는 또 하나의 예로서, 숙련된 물리학자가 전자 현미경을 바라볼 때 보이는 대상과 과학문명 이전 시대의 어떤 사람이 그것을 바라볼 때 보이는 대상 사이의 차이를 생각해 보자. 물리학자는 이 장비의 서로 다른 부분들 사이의 상호

관련을 이해할 것이며, 그것을 어떻게 사용해야 할지, 그것으로 무엇을 해야 할지를 알아낼 것이다. 과학문명 이전의 사람에게 그것은 이상한 금속 조각들과 줄들이 알쏭달쏭하게 연결되어 있는 쓸모없는 금속덩어리에 불과할 것이다.

물론 동일한 광경을 바라보는 서로 다른 관찰자들 사이에 많은 겹치는 것들이 있을 것이며, 그렇지 않다면 의사소통은 불가능할 것이다. 그러나 과학적 방법에 관한 단순한 견해는 관찰에 관한 중요한 사실을 지나치기 쉽다. 즉 우리가 보는 대상은 그저 우리의 망막에 맺힌 이미지들로 환원될 수 없다는 사실 말이다. 우리가 보는 대상은 대개 지식과 기대 그리고 이에 관련된 문화적 교육배경과 같은 '정신틀(mental set)'에 의존한다.

그러나 우리 신념에 영향받기를 완강히 거부하는 몇몇 관찰이 있음은 주목할 만하다. 비록 지평선에 낮게 떠 있을 때의 달이 하늘중앙(천정)에 높게 떠 있을 때보다 실제로는 더 크지 않다는 것을 내가 알고 있을지라도, 그것이 내게 더 크게 보이는 것은 어쩔 수 없다. 이 경우에 달에 대한 나의 지각 경험은 나의 의식적인 배경적 신념에 영향받지 않는다. 물론 나는 그것을 '더 크다'라고 기술하기보다는 '더 크게 보인다'라고 기술할 것이며, 이것은 이론을 포함한다. 그렇다 해도 이것은 나의 지각 경험이 내 신념의 영향을 받지 않는 사례일 것이다. 이것이 보여주는 바는 내가 아는 것과 내가 보는 것 사이의 관계는 때때로 그렇게 여겨지는 것 만큼 직접적이지만은 않다는 사실이다. 즉 배경적 지식이 항상 우리로 하여금 다르게 보도록 만들지는 않는다는 것이다. 이 사실이 과학에 관한 단순한 견해에 반대하는 논증을 무너뜨리지는 못한다. 대부분의 경우에 우리가 보는 것은 우리의 정신틀에 심각하게 영향받기 때문이다.

비판 2. 관찰 언명은 이론 의존적이다

이러한 단순한 견해가 간과하고 있는 과학적 관찰에 관한 두 번째 중요한 특징은 관찰 언명(Observation statements)의 본성에 관련된다. 과학자는 특정한 관찰을 언어로 표현해야 한다. 그러나 관찰 언명을 위해 과학자가 사용하는 언어는 언제나 이론적 가정과 붙어다닌다. 완전하게 중립적인 관찰 언명 따위는 존재하지 않는다. 즉 관찰 언명은 '이론 의존적'이다. 예를 들어 '그는 벗겨진 전선을 만져서 전기 감전 충격을 받았다'와 같은 일상적 언명조차도 전기라는 실체가 있고 이것은 위험할 수 있다는 것을 전제한다. '전기적'이라는 말을 사용함으로써 우리는 전선을 만진 사람이 경험한 위험의 원인들에 관한 이론 전체를 전제하는 것이다. 그 언명을 온전히 이해하는 것은 전기와 생리학 양쪽에 관한 모든 이론을 이해하는 것을 포함할 것이다. 이론적 가정은 사건이 기술되는 방식과 한몸을 이룬다. 달리 말하면, 관찰 언명은 우리의 경험을 특정한 방식으로 분류하지만, 이것만이 경험을 분류하는 유일한 방식은 아니라는 것이다.

실제로 과학에서 사용되는 관찰 언명은(예를 들어 '물질의 분자 구조는 열을 가하면 영향받는다'와 같은) 아주 정교한 이론을 전제한다. 언제나 이론이 먼저이다. 즉 과학적 방법에 관한 단순한 견해는 치우침 없는 관찰이 언제나 이론에 선행한다는 것을 가정하기 때문에 완전히 틀렸다. 당신이 바라보는 대상은 흔히 당신이 아는 대상에 의존하며, 당신이 바라보는 것을 기술하기 위해 택하는 말들은 언제나 당신이 바라보는 사물의 본성에 관한 이론을 전제한다. 이것들이 관찰의 본성에 관한 두 가지 피할 수 없는 사실이며, 바로 이 두 가지가 객관적이고 편견없는 중립적 관찰이라는 개념을 무너뜨린다.

비판 3. 과학자는 여러 가지 관찰 중에서 선택한다

관찰에 관한 세번째 요점은 과학자들은 그저 '관찰'만 하지는 않는다는 것, 즉 낱낱의 현상에 대해 낱낱이 기록하지는 않는다는 것이다. 이렇게 하는 것은 실질적으로 불가능할 것이다. 과학자들은 사태의 어떤 측면에 초점을 맞출 것인지를 선택한다. 이러한 선택 역시 이론 관련적인 결정을 포함한다.

귀납의 문제

  과학적 방법에 관한 단순한 견해에 반대하는 다른 종류의 비판은 이것이 연역(deduction)보다는 귀납(induction)에 의존하기 때문에 생긴다. 귀납과 연역은 두 가지 서로 다른 유형의 논증이다. 귀납 논증은 일정한 수의 구체적 관찰에 기초한 일반화를 포함한다. 만일 내가 털 있는 동물에 대해 수많은 관찰을 행한 후, 이로부터 모든 털 있는 동물은 태생성이라고(즉, 이들은 알을 낳기보다는 새끼를 낳는다고) 결론짓는다면, 나는 귀납 논증을 사용하고 있는 것이다. 이와 달리 연역 논증은 특정한 전제에서 출발하여, 이런 전제에 필연적으로 뒤따르는 결론을 향해 논리적으로 나아간다. 예를 들어 나는 '모든 새는 동물이다' 와 '백조는 새이다' 라는 전제로부터 '그러므로 모든 백조는 동물이다' 라고 결론지을 수 있다. 이것이 연역 논증이다.

연역 논증은 진리보존적이다. 이 말은 만일 그것의 전제가 참이면, 그 결론이 참이라는 것이 필연적으로 귀결됨을 의미한다. 따라서 만일 '모든 새는 동물이다' 그리고 '백조는 새이다'가 둘 다 참이라면, 이로부터 필연적으로 뒤따르는 것은 '모든 백조는 동물이다'이다. 이와는 대조적으로 귀납 논증의 결론은 참일 수도 있고 아닐 수도 있다. 비록 털 있는 동물에 대한 나의 모든 관찰이 정확하고, 그 동물들이 모두 태생성이며 내가 수천 건의 관찰을 행했을지라도, 모든 털 있는 동물은 태생성이라는 나의 귀납적 결론은 여전히 거짓으로 드러날 수 있다. 알을 낳는 특이한 털 있는 동물, 예를 들어 오리너구리의 존재는 앞의 결론이 거짓된 일반화라는 것을 보여준다.

우리는 언제나 귀납 논증을 사용한다. 우리로 하여금 미래가 과거와 유사할 것이라고 기대하게 하는 것이 바로 귀납이다. 나는 여러 번 커피를 마셨지만 그것은 전혀 해롭지 않았다. 그리하여 나는 귀납 논증에 기초해서 커피는 미래에도 내게 해롭지 않을 것이라고 가정한다. 내 경험에 따르면 낮은 언제나 밤을 뒤따랐다. 그리하여 나는 이것이 앞으로도 그렇게 계속될 것이라고 가정한다. 나는 빗속에 서 있으면 젖는다는 것을 여러 번 관찰했다. 그리하여 나는 미래에도 과거와 유사할 것이라고 가정하고, 가능한 한 빗속에 서 있는 것을 피한다. 우리의 삶 전체가 바탕으로 삼고 있는 것은, 귀납은 우리에게 우리의 환경과 우리 행위의 가능한 결과에 관한 매우 믿을 만한 예측을 제공해준다고 하는 가정이다. 귀납의 원리가 없다면 환경과 우리 사이의 상호 작용은 완전히 엉망이 될 것이다. 즉, 우리는 미래가 과거와 유사할 것이라고 가정할 근거를 가지지 못할 것이다. 우리는 우리가 지금 막 먹으려 하는 음식이 영양가가 있는지 독이 있는지 확신하지 못할 것이며, 걸음을 옮길 때마다 땅이 우리를 받쳐줄 것인지 아니면 갑자기 주저앉아버릴 것인지 확신하지 못할 것이다. 이렇게 우리 주변에 있는 모든 예측된 규칙성이 회의의 대상이 되어버릴 것이다.

우리의 삶 전체에서 귀납이 중심 역할을 맡고 있는데도 귀납의 원리가 전적으로 신뢰할 만한 것이 못 된다는 것은 부정하지 못할 사실이다. 이미 살펴보았듯이, 그것은 우리에게 모든 털 있는 동물이 태생성인지 아닌지 하는 물음에 거짓된 결론을 제공할 수도 있다. 그것의 결론은 연역 논증의 그것만큼 신뢰할 만하지는 못하다. 이 점을 설명하기 위해 러셀은 『철학의 문제들』에서 한 마리의 닭을 예로 들었다. 이 닭은 매일 아침 눈을 뜨면서 어제 먹이가 주어졌듯이, 오늘도 그럴 것이라고 예측한다. 그러나 어느 날 아침 그 닭은 깨어나자마자 농부에 의해 속절없이 머리가 잘리는 것으로 삶을 마감했다. 그 닭은 수많은 관찰에 기초한 귀납 논증을 사용하고 있었다. 그토록 깊이 귀납을 신뢰한다는 점에서 우리는 이 닭과 같은 어리석음을 범하고 있는 것은 아닐까? 귀납에 대한 우리의 신뢰는 어떻게 정당화될 수 있을까? 이것이 바로 데이비드 흄이 『인간 본성에 관한 논고』에서 지적한 이른바 귀납의 문제(the problem of induction)라 불리는 것이다. 우리는 어떻게 그처럼 신뢰성 없는 논증 방법에 의존하는 자신을 정당화할 수 있을까? 이것이 특히 과학 철학과 관련되는 이유는 위에서 개괄한 단순한 이론에 따르면, 귀납은 과학적 방법에서 막중한 역할을 맡고 있기 때문이다.

귀납은 서로 다른 예측을 낳을 수도 있다

지금까지 우리는 귀납의 문제를 과거에 기초하여 미래를 일반화하는 것에 대한 정당성 문제와 같이 놓고 다루었다. 이것 말고도 우리가 아직 다루지 않은 귀납 문제의 또 다른 측면이 있다. 과거에 기초해서 우리가 행할 수 있는 수많은 아주 다른 일반화 가운데는 사용가능한 자료들과 일치하는 것들이 있다는 사실이 그것이다. 그러나 서로 다른 일반화는 미래에 대해 지극히 다른 예측을 제공하기도 한다. 이것은 현대 철학자 넬슨 굿맨(Nelson Goodman, 1906~)의 '초파랑(Grue)'의 예에서 잘 나타난다. 이 예는 다소 인위적인 듯이 보이지만, 중요한 요점을 잘 설명해 준다.

굿맨은 귀납 문제의 두번째 측면을 드러내 보이기 위해 '초파랑'이라는 용어를 창안했다. '초파랑'은 그 자신이 만들어낸 색깔어이다. 만일 어떤 것이 서기 2000년 이전에 검사되어 초록인 것으로 알려지거나 또는 검사되지 않은 채 파랑이면, 이것을 초파랑이라고 한다. 우리는 '모든 에메랄드는 초록이다'라는 일반화가 참이라는 것을 보여주는 수많은 경험을 가진다. 그러나 우리의 증거는 '모든 에메랄드는 초파랑이다'(모든 관찰이 서기 2000년 전에 이루어진다고 가정하자)라는 견해와도 마찬가지로 일치한다. 그러나 우리가 모든 에메랄드는 초록이라고 말하는 것과 초파랑이라고 말하는 것은 서기 2000년 이후에 에메랄드의 관찰에 대해 우리가 행하는 예측에 영향을 미친다. 만일 우리가 모든 에메랄드는 초파랑이라고 말한다면, 우리는 2000년 이후에 검사된 어떤 에메랄드는 파랑으로 보일 것이라고 예측할 것이다. 초파랑 중 2000년 이전에 검사되었던 것들은 초록색일 것이며, 2000년 이전에 검사되지 않은 것들은 파란색일 것이기 때문이다. 그러나 우리가 통상 말하듯이 모든 에메랄드는 초록이다라고 말한다면, 우리는 그것들이 검사되는 시점이 언제이든 모두 초록일 것이라고 예측할 것이다.

이 예가 보여주는 것은 귀납에 기초해서 우리가 행하는 예측이 증거를 사용해서 행할 수 있는 유일한 종류의 예측은 아니라는 것이다. 결과적으로 우리에게 남는 것은 귀납에 기초한 예측이 백퍼센트 신뢰할 만하지는 못하다는 것, 뿐만 아니라 그 예측은 우리가 수집한 증거와 일치하는 유일한 예측도 아니라는 것이다.

옹호 1. 귀납은 잘 작동하는 듯이 보인다

귀납의 문제에 대한 한 가지 대응은 귀납에 대한 신뢰가 폭넓게 퍼져 있을 뿐만 아니라, 합당하게 결실을 맺는다는 사실을 지적하는 것이다. 즉 대부분의 경우 귀납은 자연 세계에서의 규칙성을 발견하고 자연 세계의 미래 행태를 예측하는 매우 유용한 방법이 된다. 이미 주목하였듯이 과학은 사람이 달에 가는 것을 가능하게 해주었다. 만일 과학이 귀납 원리에 기초해 있다면 우리는 귀납에 대한 신뢰가 정당화되는 수많은 증거를 가지고 있는 것이 된다. 물론 태양이 내일 떠오르지 않을 가능성, 또는 닭의 경우처럼 우리가 내일 아침에 눈을 뜨자마자 목이 잘릴 가능성은 언제나 있다. 그러나 귀납은 우리가 가지고 있는 최선의 방법이다. 다른 어떤 형태의 논증도 귀납 원리보다 더 잘 미래를 예측하게 해주지는 못할 것이다.

이러한 귀납 원리 옹호에 대한 반대는 옹호 자체가 귀납에 의존한다는 것이다. 달리 말하면, 그런 옹호는 악성의 순환 논증이라는 것이다. 그 논증은 결과적으로 이런 주장이 된다. 즉 귀납은 과거에 다양한 방식으로 성공적이었음이 입증되었기에, 그것은 미래에도 계속해서 그렇게 될 것이라는 것이다. 그러나 이것은 그 자체가 (귀납적) 일반화이다. 즉 귀납이 잘 작동하는 경우의 수많은 개별적 사례들에 기초한 일반화이며, 따라서 그 자체가 귀납 논증이다. 귀납 논증은 귀납을 위한 만족스런 정당화를 제공할 수 없다. 이렇게 하는 것은 논점을 선취하는 것이다. 즉 당신이 입증하기로 되어 있는 것(여기서는 귀납이 정당화된다는 사실)을 미리 전제하는 것이다.

옹호 2. 귀납은 진화의 과정에서 갖게 된 자연적 경향이다

보편 언명들, 즉 '모든 백조는 희다'와 같이 '모든……'으로 시작하는 언명들은 무리를 이루는 개별적 사물들 사이의 유사성을 전제한다. 이 경우에 모든 개별적 백조들은 이들을 한 무리로 묶게 만들어줄 유사성을 갖고 있어야 한다. 그러나 '초파랑'의 경우에서 보았듯이, 자연의 사물들 및 이들의 속성을 분류하는 데 꼭 한 가지 방식만이 존재하는 것은 아니다. 지구에 착륙한 외계인들이 우리와 다른 종류의 범주를 사용하여 우리가 행하는 것과 전혀 다른 귀납적 예측을 하는 일도 가능할 것이다.

그렇지만 '초파랑'의 예가 보여주듯이, 어떤 일반화는 다른 것들보다 우리에게 더욱 더 자연스럽게 보인다. 이에 대한 가장 적절한 설명은 진화론적 설명이다. 즉 인간은 유전적으로 프로그램된 일단의 범주를(우리의 경험은 이 범주에 짜맞추어진다) 가지고 태어난다는 것이다. 같은 종으로서 우리는 자연 선택의 과정을 통하여 (매우 정확하게 주변 세계의 움직임을 예측해 주는) 귀납적 일반화를 행하는 경향을 가지게 되었다. 바로 이러한 경향이 우리가 귀납적으로 추론할 때 작용하게 된다는 것이다. 즉 우리는 세계에 관한 우리의 경험을 믿을 만한 예측을 낳는 방식으로 무리짓는(집단화하는) 자연적 경향을 가진다. 귀납에 관한 이러한 설명이 그것에 대한 우리의 신뢰를 정당화하든 하지 못하든, 이것은 왜 우리가 일반적으로 귀납적 논증을 신뢰하는지 그리고 우리가 왜 그렇게 함으로써 대개는 틀리지 않는지 설명해 준다.

옹호 3. 귀납은 높은 개연성을 갖는다

귀납의 문제에 대한 또 다른 대응은 다음을 인정하는 것이다. 즉 비록 우리는 귀납논증의 결론이 백퍼센트 확실하다는 것을 결코 보일 수는 없을지라도, 그것이 매우 높은 확률로 참임을 보일 수는 있다는 것이다. 과학이 발견하는 소위 자연법칙이라는 것들은 절대적으로 입증되지는 못하지만, 참일 수 있는 높은 확률을 가지는 일반화이다. 관찰이 이 법칙을 더 많이 확증하면 할수록, 이것들이 참일 확률은 더욱 더 커진다. 이런 대응은 때때로 확률주의(probabilism)라 불린다. 우리는 내일 태양이 떠오르리라는 것을 확실하게 말할 수는 없다. 그러나 귀납에 기초해서 이것이 확률적으로 높다고 판단내릴 수는 있다.

그러나 이에 대한 반대는 확률 자체가 변할 수 있다는 데 있다. 어떤 사건이 미래에 발생할 확률의 평가는 그것이 얼마나 빈번히 과거에 발생했는가에 기초한다. 그러나 그 확률이 미래에도 유지되리라고 가정하는 것의 정당화 자체가 귀납적이다. 따라서 이것도 순환 논증이 된다. 귀납에 대한 우리의 신뢰를 정당화하기 위하여 귀납에 의존하기 때문이다.

반증주의 : 추측과 반박

　귀납의 문제를 벗어나는 또 다른 길은(이 문제가 적어도 과학적 방법의 문제에 영향을 미치기 때문에) 귀납이 과학적 방법의 기초라는 주장을 부정하는 것이다. 다른 누구보다도 칼 포퍼(Karl Popper, 1902~)가 발전시킨 과학철학인 반증주의가 바로 이렇게 하고 있다. 반증주의자들은 과학에 대한 단순한 견해는 길을 잘못 들었다고 주장한다. 과학자들은 관찰로부터 시작하지 않고 이론에서부터 시작한다. 과학적 이론과 소위 자연법칙은 진리 주장이 아니다. 이것들은 오히려 자연 세계의 다양한 측면을 분석하려는 사변적 시도이다. 이것들은 이전의 이론을 개선하기 위해 구상된 추측, 즉 정보를 잘 갖춘 짐작(well-informed guess)이다.

　그 다음에 이러한 추측은 실험적인 시험을 거친다. 그러나 이 시험은 매우 분명한 목표를 가진다. 이것은 그 추측이 참임을 입증하기 위해서가 아니라 그것이 거짓임을 입증하기 위해 시도된다. 과학은 이론이 참임을 입증하기보다는 반증하는 데 주력한다. 거짓임이 밝혀진 이론은 무엇이든 내버려지고 살아남을지라도 수정을 피할 수는 없다. 이처럼 과학은 추측과 반박을 통해 진보하는 것이다. 결국 어떠한 이론도 절대적으로 참일 수는 없다. 모든 이론은 과학적 시험이 이것들을 어떻게든 반박하게 된다면 교정될 수 있을 뿐이다.

이러한 견해는 과학의 역사에서 찾아볼 수 있는 독특한 진행 과정과 잘 들어맞는 것 같다. 프톨레마이오스의 지구 중심의 우주관이 코페르니쿠스의 것으로 대체되고 뉴턴 물리학이 아인슈타인의 것으로 대체되었듯이 말이다.

반증은 과학에 관한 단순한 견해에 대해 적어도 한 가지 커다란 이점을 가진다. 즉 하나의 반증 사례만으로도 한 이론이 부족함을 보이기에 충분한 반면, 아무리 많은 관찰이 이론을 확증해 준다 해도 이 관찰은 그 이론이 미래의 모든 관찰에도 적용되리라는 백퍼센트 확신을 주기에는 결코 충분하지 못하기 때문이다. 이것이 바로 보편 언명이 가진 특징이다. 만일 내가 '모든 백조는 희다'고 말한다면 나의 이론을 반증하는 데는 단지 한 마리의 검은 백조를 관찰하는 것만으로 족하다. 내가 2백만 마리의 흰 백조를 관찰했다 해도, 다음 번 백조는 검을 수 있다. 한마디로 말해서 일반화는 입증하기보다 반증하기가 훨씬 쉽다.

반증 가능성 : 과학과 사이비 과학의 구획 기준

　반증주의는 또한 유용한 과학적 가설과 과학과 무관한 가설을 구별해 주는 방법을 제공한다. 한 이론이 유용한가는 그것이 어느 정도나 반증 가능한가에 달려 있다. 만일 어떤 가능한 관찰도 한 이론을 반증할 수 없다면, 이 이론은 과학에 무용하다. 아니 그것은 아예 과학적 가설이 아니다. 예를 들어 '물은 섭씨 100도에서 끓는다'는 가설을 반증할 수 있는 시험장치를 꾸미는 일은 비교적 수월하다. 반면에 '오늘 비가 오거나 아니면 오지 않을 것이다'가 거짓임을 보이는 시험장치는 도저히 꾸밀 수 없다. 뒤의 언명은 정의에 의해서 참이므로 경험적 관찰과 무관하다. 그것은 과학적 가설이 되지 못하는 것이다.

　한 언명이 반증 가능하면 할수록 그것은 더욱 더 과학에 유용하다. 많은 언명이 애매하게 표현되고 있어서, 어떻게 그것들을 테스트해야 할지 그리고 어떻게 그 결과를 해석해야 할지 헤아리기 어렵게 만든다. 그러나 대담하고 반증 가능한 언명은 아주 빠르게 거짓임이 드러나거나, 아니면 반증당하지 않으려고 노력한다. 어느 쪽이든 그 언명은 과학의 진보를 돕는다. 즉 만일 그것이 반증 가능하다면, 그것은 쉽사리 반박될 수 없는 가설을 개발하도록 고무시킬 것이다. 만일 그 언명이 반증되기 어렵다고 입증되면 그것은 확신을 주는 이론을 제공할 것이며, 이 이론 위에서 개선된 새로운 이론이 생겨날 수 있을 것이다.

　좀더 자세히 조사해 보면, 과학적이라고 널리 여겨지던 몇몇 가설은 테스트가 불가능한 것으로 밝혀진다. 즉 이것들을 반증할 수 있는 가능한 관찰이 존재하지 않는다. 이와 관련해서 논란거리가 되는 한 가지 사례가 정신분석학이다. 어떤 반증주의자들은 정신분석학의 주장 가운데 많은 것이 논리적으로 반증 불가능하며, 따라서 비과학적이라고 주장해 왔다.

만일 한 정신분석가가 어떤 환자의 꿈이 정말로 그의 유년기에 겪었던 해소되지 못한 성적 갈등에 관한 것이라고 주장할 때 이런 주장을 반박할 수 있는 관찰은 어디에도 없다. 만일 그 환자가 갈등이 있었음을 부정한다면, 정신분석가는 이것을 환자가 어떤 것을 억압하고 있다는 사실에 대한 또 다른 확증으로 간주할 것이다. 만일 환자가 분석가의 해석이 맞다고 받아들인다면, 이것 역시 그 가설에 대한 확증을 제공할 것이다. 그러므로 이런 주장을 반박할 길이 없으며, 이것은 세계에 대한 우리의 지식을 증가시킬 수 없다.

결국 반증주의자들에 따르면, 그것은 사이비-과학 가설이지 진정한 과학적 가설이 될 수 없다. 그러나 한 이론이 이런 의미에서 과학적이지 않다는 이유만으로 그것이 전혀 가치가 없다는 결론이 뒤따르지는 않는다. 포퍼는 정신분석학의 많은 주장이 미래에는 테스트 가능하게 될 수 있을지라도, 그 전과학적(pre-scientific) 형태로서는 과학적 가설로 간주되어서는 안 된다고 믿었다.

테스트 불가능한 가설을 회피해야 하는 이유는 그것들이 과학의 진보를 가로막기 때문이다. 만일 그것들을 반박할 가능성이 없다면, 그것들을 더 좋은 이론으로 대체할 길이 없을 것이다. 과학 진보의 핵심인 추측과 반박의 진행이 중단되는 것이다. 과학은 잘못을 통해서 진보한다. 이론이 반증되고, 더 나은 이론에 의해 대체되면서 진보한다는 말이다. 이런 의미에서 과학에는 어느 정도의 시행착오가 있다. 과학자들은 가설을 철저히 시험하여 그것을 반증할 수 있는지 살펴보며, 가능하다면 그것을 좀더 나은 것으로 대체한다. 후자는 또다시 동일한 과정을 밟게 된다. 대체되는 모든 가설 — 잘못 — 은 세계에 대한 우리의 지식을 증대시킨다. 반대로 논리적으로 반증 불가능한 이론은 과학자에게 거의 소용이 없다.

대부분의 혁명적 과학 이론 중 많은 것들은 대담한 상상적 추측으로부터 비롯되었다. 포퍼의 이론은 새로운 이론을 만들어내는 창조적인 상상력을 강조한다. 이러한 이론은 과학에서의 창조성을 더욱 더 설득력 있게 설명해 준다. 과학 이론을 관찰로부터의 논리적 귀결인 듯이 보이게 하는 '단순한 견해'가 설명해 주는 것보다 말이다.

비판 1. 가설에 기초한 예측의 역할을 과소평가한다

반증주의에 반대하는 한 가지 비판은 그것이 과학에서 가설 확증의 역할을 설명하지 못한다는 것이다. 가설을 반증하려는 시도에 집중함으로써 이 이론은 한 과학 이론이 수용되어야 할지 아닐지를 결정할 때 성공적 예측의 영향력을 과소평가하게 된다. 예를 들어 물이 끓는 온도는 실험이 수행되는 곳에서의 기압과 관련하여 계속 변화한다는 것이 나의 가설이라면, 이것은 다양한 압력에서 물이 끓는 온도에 관한 많은 예측을 할 수 있게 해줄 것이다.

예를 들어 그것은 다음과 같은 (정확한) 예측을 할 수 있게 해 줄 것이다. 즉 등산인들은 고지대에서 맛좋은 차를 만들 수 없을 것이다(왜냐하면 물이 섭씨 100도 이하에서 끓을 것이고, 따라서 차 잎들이 제대로 우러나지 않을 것이기 때문이다). 만일 나의 예측이 정확하다고 입증된다면, 이것은 나의 이론을 지지하는 것이 된다.

앞서 설명한 반증주의는 과학의 이러한 측면을 무시한다. 특히 흔치 않은 독창적인 가설에 기초한 성공적 예측은 과학 발전에 중대한 역할을 한다.

그러나 이러한 지적이 반증주의를 무너뜨리지는 못한다. 단일한 반증 사례 관찰의 논리적 힘은 여전히 많은 수의 확증 사례 관찰보다 더 크다. 그렇지만 반증주의는 가설 확증의 역할에 제값을 매기는 쪽으로 조금은 개량될 필요가 있다.

비판 2. 실험 과정에서 오류가 생길 수 있다

반증주의는 단일한 반증사례에 기초해 한 이론의 전복을 주장하는 듯이 보인다. 그러나 실제로 과학적 실험이나 연구는 많은 요소들로 이루어져 있고, 보통은 오류를 범할 또는 결과를 잘못 해석할 여지가 상당히 많다. 측정 장치들이 오작동할 수도 있으며, 자료 수집의 방법에 결함이 있을 수도 있다. 그러므로 과학자들은 한 이론을 전복하는 듯이 보이는 단일한 관찰에 의해 쉽게 동요되어서는 안 될 것이다.

포퍼는 이런 견해에 동의할 것이다. 이것은 반증주의에 대한 심각한 문제는 아니다. 논리적 관점에서 보아 원칙적으로 단일한 반증사례가 한 이론을 무너뜨릴 수 있음은 분명하다. 그렇다고 포퍼가 현장의 과학자들은 그들이 명백한 반증사례를 얻자마자 바로 이론을 포기해야 한다고 제안하는 것은 아니다. 그들은 회의적이어야 하며, 모든 가능한 오류의 근원에 대해 엄밀히 검토해야 한다.

비판 3. 역사적으로 꼭 들어맞지 않는다

반증주의는 과학사에서 매우 중요한 발전 중 많은 것들을 적절하게 설명하지 못한다. 코페르니쿠스적 혁명, 즉 태양이 우주의 중심이라는 것 그리고 지구와 다른 행성들이 지구의 주위를 돈다는 사실에 대한 인식은 무엇을 보여주는가? 그것은 명백한 반증사례들의 존재가 자신들의 가설을 거부하도록 만드는 주요 요인으로 작용하지 않았다는 사실을 보여준다. 그들은 당시의 표준에 비추어 압도적인 반대 증거에 직면해서도 자신들의 이론을 굳게 지켰다.

우주의 본성에 관한 과학 모델에서의 변화는 추측과 이에 뒤따르는 반박의 과정을 따라 발생하지 않았다. 수세기에 걸친 물리학의 발전이 이루어진 이후에야 비로소 그 이론은 관찰에 비추어 제대로 테스트될 수 있게 되었다.

이와 유사하게 아이잭 뉴턴(Isaac Newton 1642~1727)의 중력

이론은 이것이 공표된 직후에 시행된 달 궤도의 관찰에 의해 명백하게 반증되었다. 한참 뒤에 가서야 비로소 그 관찰이 잘못되었음이 드러났다. 이러한 명백한 반박에도 뉴턴과 그 추종자들은 중력이론을 굳게 지켰고 이것이 결국 과학 발전에 이로운 결과를 가져다주었던 것이다. 그러나 포퍼의 반증주의적 설명에 따르면 뉴턴의 이론은 그것이 반증되었다는 사실 때문에 포기되어야 마땅했다.

이 두 사례가 보여주는 바는 과학에 관한 반증주의 이론이 늘 실제의 과학사와 잘 들어맞는 것은 아니라는 것이다. 이 이론은 적어도 어떻게 과학 이론이 서로 자리바꿈을 하느냐를 정확히 설명해 줄 수 있는 쪽으로 개선되어야 할 필요가 있다.

결론

이 장에서 나는 귀납의 문제와 과학의 방법에 관한 반증주의적 설명에 초점을 맞추었다. 비록 현장의 과학자들이 자신들이 하고 있는 일의 철학적 함의를 반드시 알고 있어야 할 필요는 없을지라도 많은 사람들이 과학의 진행에 관한 반증주의적 설명에 영향을 받은 것은 사실이다. 철학이 반드시 과학자들이 일하는 방식에 영향을 미친다고는 말할 수 없어도 한 가지 분명한 것은 철학은 과학자들이 자신들의 일을 이해하는 방식을 변화시킬 수는 있다는 점이다.

더 읽을 책들

『과학이란 도대체 무엇인가?』(A. F. Chalmers, *What Is This Thing Called Science?* Milton Keynes : Open University Press, 1978). 이 책은 이 분야의 뛰어난 입문서이다. 잘 쓰여졌고 호기심을 자극하기 때문이다. 이 책은 현대 과학철학에서 중요한 대부분의 문제들을 알기 쉽게 다루고 있다. 『자연과학철학』(C. G. Hempel, *Philosophy of Natural Science*, New Jersey : Prentice-Hall, 1966) 역시 유용한 책이다.

『포퍼』(Bryan Magee, *Popper*, London : Fontana, 1973)는 칼 포퍼의 저작에 대한 훌륭한 입문서이다.

로지의 『과학철학에 대한 역사적 입문』(John Losee, *A Historical Introduction to the Philosophy of Science*, Oxford : Oxford University Press, 3rd edn, 1933)은 과학철학의 역사에 대한 분명하고 흥미로운 개관을 제공해 준다.

9. 우리의 마음은 물질적인 것인가

마음이란 무엇인가? 우리는 비물질적 영혼을 가지고 있는가? 사고는 그저 물질의 한 측면, 즉 두뇌 안에서 자극되는 신경의 부산물에 불과한 것인가? 어떻게 우리는 다른 사람들이 단지 정교한 로봇이 아니라고 확신할 수 있는가? 어떻게 우리는 그들이 정말로 의식을 가지고 있다는 것을 알 수 있는가? 이 모든 것들이 심리철학(마음의 철학, philosophy of mind)의 범위에 속하는 문제들이다.

심리철학과 심리학의 관계

심리철학은 심리학과 구별되어야 한다. 비록 이것들이 서로 밀접히 관련되어 있을지라도 말이다. 심리학은 인간 행위와 사고에 관한 과학적 연구이다. 이것은 사람들에 대한 관찰에 기초하는데, 이러한 관찰은 종종 실험적 상황에서 이루어진다. 이와 달리 심리철학은 실험하는 과목이 아니다. 이것은 실제의 과학적 관찰 과정을 포함하지 않는다. 철학은 개념 분석에 집중한다.

심리철학은 마음에 관해 사유할 때 생겨나는 개념적 문제와 관계된다. 심리학자는 가령 정신분열증과 같은 인격 장애에 대해 이런 환자를 직접 검사하거나 테스트해 보는 등의 방법을 통해 조사한다. 이와 달리 철학자는 개념적인 물음을 제기한다. '마음이란 무엇인가?' 또는 '정신 질환이란 무엇을 의미하는가?'와 같은 물음 말이다. 임상 사례의 검사만으로는 이러한 물음에 대답할 수 없다. 이것들은 사용되는 용어의 의미 분석을 요구한다.

이 점을 설명하기 위해 또 다른 예를 살펴보자. 인간의 사고를 연구하는 신경심리학자는 아마도 두뇌 안에서 일어나는 신경 자극의 패턴을 관찰할 것이다. 심리철학자는 좀더 기본적이고 개념적인 물음을 제기할 것이다. 즉 이런 신경 작용이 바로 사고하는 것인지, 아니면 사고에 대한 우리의 개념에는 물리적 발생으로 환원될 수 없는 그 어떤 특성이 있는 것인지와 같은 물음들이 그것이다. 또는 좀더 전통적인 방식으로 표현하자면, 우리는 우리의 신체와 구별되는 마음이라는 것을 가지고 있는가 하는 물음이 그것이다.

이 장에서 우리는 심리철학에서 가장 핵심적인 논쟁 가운데 몇가지를 다루고 그 중에서도 마음에 관한 물질적 설명이 과연 적절한지 그리고 우리는 다른 사람의 마음에 관한 지식을 가질 수 있는지 하는 문제를 집중적으로 검토할 것이다.

몸과 마음의 관계

    우리 자신과 세계를 기술하는 한 가지 방식으로서 우리는 보통 정신적 측면과 물질적 측면을 구분한다. 정신적 측면은 사고하기, 느끼기, 결정하기, 꿈꾸기, 상상하기, 바라기 등과 같은 것들이다. 물질적 측면은 발, 팔다리, 두뇌, 한 잔의 차, 엠파이어 스테이트 빌딩 등을 포함한다.

    우리는 어떤 일을 할 때, 가령 테니스를 칠 때 정신적 측면과 물질적 측면 모두를 사용한다. 우리는 그 게임의 규칙과 상대편이 어느 쪽으로 공을 칠 것인지 등등을 생각하며 우리의 몸을 움직인다. 그러나 마음과 몸 사이에 과연 진정한 구분이 있는가? 아니면 이 구분은 단지 우리 자신에 대해 이야기하기 위한 하나의 편리한 방식에 불과한가? 마음과 몸의 진정한 관계를 설명하는 문제는 '심신 문제(마음/몸 문제, mind/body problem)'라는 이름으로 알려져 있다.

　마음과 몸은 분리되어 있으며 우리들 저마다는 마음과 몸 양자를 가지고 있다고 믿는 사람들은 심신 이원론자라 불린다. 정신적인 것은 어떤 이유에서 물질적인 것과 동일한 것이며, 우리는 살과 피에 불과하며, 분리된 심적 실체를 가지지 않는다고 믿는 사람들은 물질주의자라고 한다. 우리는 먼저 이원론과 이것에 대한 주요 비판을 고찰할 것이다.

심신 이원론

앞서 말했듯이 이원론은 비물질적 실체, 즉 정신적인 것의 존재에 대한 신념을 포함한다. 이원론자는 전형적으로 몸과 마음이 서로 구별되는, 즉 서로 작용하지만 분리되어 있는 실체들이라고 믿는다. 사고하는 것과 같은 정신의 과정은 두뇌세포의 반응과 같은 물질적인 과정과 동일한 것이 아니다. 정신의 과정은 마음에서 일어나지 몸에서 일어나지 않는다. 마음은 활동하는 두뇌가 아닌 것이다.

심신 이원론은 많은 사람들, 특히 어떤 종류의 영적 세계에서 삶으로써 또는 새로운 몸을 입고 환생함으로써 육체의 죽음에서 살아남는 것이 가능하다고 믿는 사람들이 지지하는 견해이다. 이 두 가지 견해가 전제하는 것은 사람은 물질적 존재에 불과한 것이 아니며, 오히려 우리의 가장 중요한 부분은 비물질적인 마음, 다른 말로 표현하면 종교적인 맥락에서 더 자주 쓰이는 영혼이라는 것이다. 르네 데카르트(René Descartes)는 아마도 가장 유명한 심신 이원론자일 것이다. 그래서 이런 이원론은 종종 데카르트적 이원론(Cartesian dualism)이라 불린다.

이원론이 참이라고 믿게 해주는 강한 동기는 어떻게 두뇌와 같이 순수하게 물질적인 것이 의식이라 불리는 복잡한 유형의 느낌과 사고를 일으킬 수 있는지에 대해 우리들 대부분이 인정하는 어려움이다. 어떻게 순수하게 물질적인 것이 우울함을 느끼거나 그림을 감상할 수 있을까? 이런 의문은 이원론을 심신 문제에 대한 그럴 듯한 해답으로 보이게 한다. 그러나 이런 이론에 대한 많은 강력한 비판이 있다.

비판 1. 과학적으로 조사될 수 없다

심신 이원론에 대한 비판 가운데 하나는 그것이 마음의 본성을 이해하는 데 실제적인 도움을 주지 못한다는 것이다. 그것이 우리에게 말해 주는 것은 기껏해야 우리 저마다의 내부에 사고하고 꿈꾸고 경험하는 비물질적 실체가 있다는 것이다. 그런데 물질주의자들의 주장에 따르면, 비물질적 마음은 직접 탐구될 수 없다. 특히 그것은 과학적으로 탐구될 수 없다. 과학은 오직 물질적 세계만을 다루기 때문이다. 우리가 조사할 수 있는 것은 기껏해야 세계에 대한 그것의 결과뿐이다.

이에 대한 반론으로 이원론자는 우리는 내성(introspection)을 통하여, 즉 우리 자신의 사고를 고찰함으로써 마음을 관찰할 수 있다고 주장할지 모른다. 우리는 물리적 세계와 마음의 상호작용의 결과를 통하여 간접적으로 마음을 조사할 수 있고 실제로 그렇게 한다. 대부분의 과학은 관찰된 결과의 원인을 추론하는 일을 한다. 비물질적 마음에 관한 과학적 탐구도 이와 동일한 형태의 접근의 한 사례일 수 있을 것이다. 게다가 심신 이원론은 적어도 어떻게 육체의 죽음에서 살아남는 것이 가능한지를 설명해 주는 이점을 가진다. 물질주의자들이 이런 일을 설명하려면 죽은 후 육신의 부활이라는 개념을 도입해야만 할 것이다.

비판 2. 마음은 어디에서 생겨났는가

인간이 더 단순한 생명 형태로부터 진화되었음은 일반적으로 받아들여지는 사실이다. 그러나 이원론자는 이것이 어떻게 가능한지를 설명하기 어렵다. 아메바와 같은 아주 단순한 생명체는 마음을 가지지 못하는 반면 인간을 포함한 몇몇 고등 동물들은 마음을 가지리라 짐작된다. 그렇다면 어떻게 아메바가 마음을 가진 생명체를 생겨나게 할 수 있었을까? 이러한 마음이라는 실체는 어디서 갑자기 생겨난 것일까? 그리고 왜 마음의 진화는 두뇌의 진화와 매우 밀접하게 병행되는 것일까?

이원론자가 이런 비판에 답하는 한 가지 방법은 이렇게 말하는 것이다. 즉 아메바조차도 매우 제한된 형태이지만 마음을 가지며, 마음은 동물 신체의 진화와 병행해서 진화되었다고 말이다. 또는 한 걸음 더 나아가서 모든 물질적 사물들은 특정 종류의 마음을 가진다고 말할 수도 있다. 이 마지막 견해는 범심론

(panpsychism)이라고 알려져 있다. 범심론에 따르면 돌조차도 매우 원시적 형태나마 마음을 가진다. 그렇다면 인간 정신 능력의 발달은 마음이 물리적 실체들과 결합하고, 단순한 마음이 융합되어 더욱 복잡한 것을 낳는다는 식으로 설명될 수 있다. 그러나 이런 견해에 동감하는 이원론자들은 극소수에 불과한데, 이러한 견해가 인간과 비영혼의(inanimate) 세계 사이의 구분을 흐리게 하기 때문이다.

비판 3. 마음과 몸은 어떻게 상호작용할 수 있는가

이원론자가 직면하는 가장 심각한 난점은 어떻게 마음과 몸 같은 두 개의 서로 다른 실체들이 상호작용할 수 있는가를 설명하는 일이다. 이원론자들에게는 내가 어떤 생각을 할 수 있고, 그 생각이 몸의 움직임을 일으킬 수 있다는 것은 명백한 사실이었다. 예를 들어 나는 나의 코를 긁을 것이라고 생각할 수 있으며, 그러면 나의 손가락이 내 코 쪽으로 움직여서 그것을 긁는다. 이원론자의 어려움은 어떻게 순수한 정신적 사고가 물질적 긁음으로 이어질 수 있느냐를 정확하게 설명하는 일이다.

이 어려움은 두뇌에서의 사건은 정신적 사건과 매우 밀접하게 연관되어 있다는 사실로 더욱 뚜렷해진다. 왜 우리는 몸과 구별되는 마음이라는 관념을 도입하는 것이 필요한가? 이를테면 심각한 두뇌 손상이 정신적 결함을 낳는다는 명백한 사실이 있는데 말이다. 만일 마음과 몸이 참으로 구별된다면, 어떻게 이런 일이 생길 수 있는가?

비판 4. 과학의 근본 원리에 상충된다

상호작용을 설명하는 어려움의 또 다른 측면은 이것이 아주 근본적인 과학 원리에 상충되는 듯이 보인다는 사실이다. 대부분의 과학자들, 특히 물질주의를 채택한 과학자들은 대상에서의 모든 변화는 이에 앞선 물질적 사건으로 설명될 수 있다는 것을 가정한다. 즉 모든 물질적 사건의 원인은 그 자체로 물질적이라는 것이다. 그러므로 가령 어떤 사람의 두뇌 안에서 신경세포가 반응을 보인다면, 신경생리학자는 이것의 물질적 원인을 찾고자 할 것이다. 그러나 마음의 작용인 순수한 사고가 행위를 낳을 수 있다면, 어떤 순수한 정신적 사건이 직접적으로 물질적 사건을 낳아야 한다. 그렇다면 이원론자는 과학의 아주 근본적 전제를 수정하는 것이 되며, 이것을 정당화해야 할 부담을 지게 된다. 물론 그들은 이원론은 자명하게 참이라는 명제에 근거해서 이런 수정을 정당화할 수 있다고 생각할지 모른다. 그러나 만일 이 이론에 대한 의심이 조금이라도 가능하다면, 다음과 같이 판정하는 것이 더 합당할 것이다. 즉 잘못된 것은 지금까지 과학적 탐구에서 커다란 성과를 낳아온 과학적 가정이 아니라 바로 저 이원론이라는 판정 말이다.

상호작용 없는 이원론

심신 병행론

이원론자가 어떻게 심신 상호작용이 가능한가를 설명하는 문제를 우회할 수 있는 한 가지 길은 그런 작용이 일어난다는 것 자체를 부정하는 것이다. 어떤 이원론자들은 비록 마음과 몸이 둘 다 존재하며, 우리 모두가 이것들을 가진다 할지라도 이것들 사이에 실질적인 상호작용은 없다고 주장한다. 약간 이상한 이러한 생각은 심신 병행론(Mind/body parallelism)이라고 알려져 있다. 마음과 몸은 같은 시각에 맞추어진 두 개의 시계처럼 서로 병행한다. 어떤 사람이 내 발을 밟았을 때 나는 아픔을 느낀다. 그러나 이는 내가 나의 몸으로부터 마음으로 전달되는 메시지를 받아서가 아니다. 단지 신(또는 잘 맞물린 우주적 우연)이 나의 두 가지 독립된 측면들이 병행하도록 사전에 맞추어놓았기 때문이다. 어떤 사람이 내 발을 밟는 그 순간에 나는 내 마음에서 고통을 느끼도록 그렇게 조정되어 있는 것이지, 한 사건이 다른 사건의 원인이 된 것은 아니라는 것이다. 이 사건은 단지 하나가 다른 하나에 즉시 뒤따라 발생한 것에 지나지 않는다.

우인론

어떻게 마음과 몸이 서로 작용할 수 있는지를 설명하려는 이상한 또 하나의 시도는 우인론(偶因論, occasionalism ; 기회원인론이라고도 한다)이라는 이름으로 알려져 있다. 병행론자가 마음과 몸 사이에 명백한 연결이 있다고 생각하는 것은 착각이라고 선언하는 데 반해, 우인론자는 연결이 실제로 있음을 인정하면서도 이 연결에 신이 개입하고 있다고 주장한다. 신이 마음과 몸 사이, 즉 내 발이 상처를 입는 것과 내가 고통을 느끼는 것 사이 또는 내가 코를 긁고자 마음먹는 것과 나의 손이 움직이는 것 사이의 연결을 가능하게 해준다는 것이다.

심신 병행론과 우인론 양자의 주요 난점은 이것들이 모두 신이 존재한다고 가정한다는 것이며, 이 가정은 1장에서 보았듯이 결코 자명하지 않은 것이다. 게다가 신학자들조차도 이런 이론이 다소 억지라고 생각할 것 같다.

부대현상론

상호작용의 문제에 대한 세번째 접근은 부대현상론(epipheno-menalism)이라고 알려져 있다. 이것은 몸에 일어난 사건이 정신적 사건의 원인이 될 수는 있어도, 정신적 사건은 결코 물질적 사건의 원인이 되지는 못하며, 또한 다른 정신적 사건도 일으키지 못한다고 하는 견해이다. 그래서 마음은 부대현상이다. 달리 말해서 마음은 몸에 결코 직접적으로 영향을 미치지 못하는 어떤 것이다. 부대현상론자는 내가 그렇게 마음먹음으로써 내 손을 올릴 수 있다는 생각은 착각이라고 설명한다. 내 손을 올리는 것은(내 사고에 의해 야기되는 듯이 보이기는 할지라도) 순전히 물질적 행위라는 것이다. 모든 정신적 사건은 물질적 사건에 의해 직접적으로 야기되지만, 그 어떤 정신적 사건도 물질적 사건을 일으키지는 못한다.

병행론이나 우인론과 마찬가지로 부대현상론도 마음에 관한 이론으로는 설득력이 약하다. 이것은 대답을 주기보다는 많은 어려운 물음을 제기할 뿐이다. 대표적인 문제가 이러한 이론은 자유의지를 불가능한 것으로 만든다는 것이다. 우리는 실제로는 결코 행위를 선택할 수 없으며, 우리가 가진 것은 '선택에 의한 행위'라는 환상에 지나지 않는다고 그것은 주장한다. 나아가서 왜 인과관계는 한쪽 방향으로만 진행하는가, 즉 물질적 원인이 정신적 결과를 낳을 뿐, 그 역은 왜 결코 성립되지 않는가?

물질주의

지금까지 심신 이원론과 그 비판 및 변형을 검토해 보았다. 이제 물질주의를 살펴볼 차례이다. 물질주의란 정신적 사건은 물질적 사건, 보통은 두뇌 안의 사건으로 완벽하게 설명할 수 있다는 견해이다. 실체에는 근본적으로 두 가지 종류가 있다고 말하는 심신 이원론과는 대조적으로 물질주의는 일원론의 형태를 띤다. 즉 오직 한 가지 종류의 실체, 즉 물질적인 것만이 존재한다고 하는 견해이다. 이원론에 비해 물질주의가 갖는 명백한 이점은 이것이 마음에 관한 과학적 연구 프로그램을 마련해 준다는 것이다. 정신적 사건에 관한 완벽한 물질적 기술을 제공하는 일이 적어도 이론적으로 가능할 것이기 때문이다.

물질주의 철학자들이 발견하고자 하는 것은 정확히 어떻게 개별적 두뇌 상태가 사고와 짝을 이루느냐 하는 것이 아니다.

이것은 신경심리학자 및 다른 과학자들이 할 일이다. 물질주의 철학자들이 주로 관심을 가지는 것은 모든 정신적 사건이 사실은 물질적인 것이므로 이원론은 틀렸다는 것을 입증하는 일이다.

물질주의에는 여러 종류가 있다. 어떤 것은 다른 것에 비해 비판에 더 열려 있다.

유형 동일론

물질주의의 이 형태는 정신적 사건은 물질적 사건과 동일하다고 주장한다. 예를 들어 날씨에 대한 생각은 그저 두뇌의 특정 상태에 지나지 않는다는 것이다. 이 특정한 두뇌 상태가 생길 때마다, 우리는 이것을 '날씨에 대해 생각하는 것'이라고 기술할 수 있다. 이것이 유형 동일론(type-identity theory)으로 알려져 있는 입장이다. 모든 특정 유형의 물질적 상태는 동시에 특정 유형의 정신적 상태라는 것이다.

이런 견해를 좀더 분명히 하기 위해, 어떻게 '물'과 'H₂O'라는 용어가 둘 다 동일한 실체를 지시하는지 고찰해 보자. 우리는 '물'을 일상적인 대화에서 그리고 'H₂O'를 과학적 맥락에서 사용한다. 그렇지만 이 두 개의 용어는 하나의 같은 사물을 지시하면서 조금 다른 의미를 가진다. '물'은 그 실체의 '젖어 있음'과 같은 근본적 속성에 주목하여 사용되는 반면, 'H₂O'는 그 화학적 구성을 드러내는 쪽으로 사용된다. 위스키에 타먹기 위해 'H₂O 한 컵 달라'고 말하는 사람은 거의 없지만 물은 어쨌든 H_2O이다. 이것들은 하나의 같은 사물인 것이다.

이와 마찬가지로 번갯불이란 방전의 일종이다. 특정 사건을 설명하기 위해 우리가 '번갯불'이라는 말을 써야 할지 아니면 '방전'이라는 말을 써야 할지는 우리가 폭풍우 속에 갇혀 있는지 아니면 그 사건에 대한 좀더 과학적인 분석을 하려는지에 달려 있다. 우리는 이 현상의 원인에 관한 과학적 분석을 이해하지 않고도 '번갯불'이라는 일상적 용어를 사용할 수 있다. 마치 우리가 물의 화학적 구성물에 대한 지식이 없이도 '물'이라는 용어를 사용하고 물에 젖는다는 것이 어떠한 것인지 이해할 수 있듯이 말이다.

이제 심신 동일론으로 돌아가보자. '날씨에 대한 사고'와 '두뇌의 특정 상태'는 정확히 동일한 사물(사태)을 지시하는 두 가지 다른 방식이다. 이 두 가지 표현은 동일한 사건을 기술하지만, 그 표현의 의미가 다소 다를 뿐이다. 우리 대부분은 이 사물을 기술하기 위해 '날씨에 대한 어떤 생각'이라는 정신적 표현을 사용하지만, 유형 동일론에 따르면, 원칙적으로 과학자는 그런 사고에 해당하는 두뇌 상태에 관한 자세한 분석을 제공할 수 있다는 것이다. 나아가서 유형 동일론자는 이런 유형의 모든 사고는 사실상 이와 동일한 유형의 두뇌 상태라고 주장한다. 마음에 관한 이런 이론의 장점은 이 이론이 신경심리학자들이 찾아낼 수 있는 그런 종류의 사물들, 즉 다양한 사고 유형에 대응하는 두뇌의 물질적 상태를 지적해 준다는 데 있다. 그러나 유형 동일론에 대한 여러 가지 반대가 있다.

비판 1. 두뇌 과정에 대해서는 무지하다

우리는 우리의 사고에 대해 직접적으로 알고 있지만, 두뇌 과정에 대해선 아무 것도 알지 못한다. 몇몇 사람들은 이것을 물질주의에 대한 반론으로 생각한다. 신경심리학에 관해 아무 것도 알지 못하면서도 사고에 관해 아는 것이 가능하기 때문에 사고는 두뇌 과정과 동일할 수 없다는 것이다. 우리 모두는 우리 자신의 사고에 대한 특별한 통로를 가지고 있다. 즉 우리는 우리 자신의 의식 내용에 대해 다른 무엇보다 더 잘 알지만, 두뇌 상태에 대해서는 그렇지 못하다. 만일 사고와 두뇌 상태가 동일하다면 이것들은 동일한 속성을 공유해야 할 것이다.

그러나 이러한 반대는 물질주의자들에게 심각한 문제가 되지 않는다. 우리는 물의 화학적 구성에 대해 아무 것도 모를 수 있지만, 그렇다고 이것이 '물' 개념을 이해하거나 물맛을 감정하는 데 장애를 주지는 않는다. 마찬가지로 모든 사고가 두뇌 과정일 수 있지만, 그렇다고 생각하는 사람이 자신들의 생각을 이해하기 위하여 두뇌 과정의 정확한 본성을 이해해야 한다고 말해야 할 이유는 없는 것이다.

비판 2. 사고와 두뇌 상태는 다르다

만일 내 누이에 대한 사고가 어떤 두뇌 상태와 동일하다면, 그 사고는 두뇌 상태로서 정확히 특정한 자리에 놓여 있어야 할 것이다. 그러나 이런 생각은 다소 이상한 듯이 보인다. 사고는 이런 식으로 구체적 위치를 차지하는 것이 아니라고 여겨지기 때문이다. 그런데 사고는 그래야 한다고 하는 것이 유형 동일론의 결론이다. 만일 내가 밝은 빛을 바라봄으로써 형광색의 초록빛 잔상을 가졌다면, 이 잔상은 특정한 크기, 밝은 색깔 및 특정한 모양을 가질 것이다. 그런데 나의 두뇌 상태는 아마도 이런 점에서 매우 다를 것이다. 그렇다면 어떻게 잔상이 특정한 두뇌 상태와 동일할 수 있겠는가?

비판 3. 모든 사고는 어떤 것에 대한 것이다

모든 사고는 어떤 것에 대한 것이다. 무(無)에 대해 사고한다는 것은 불가능하다. 내가 만일 '파리는 내가 제일 좋아하는 도시이다'라고 생각한다면, 나의 사고는 실제 세계에 있는 한 지역과 관련되어 있다. 그러나 두뇌 과정 및 상태는 어떤 것에 관한 것이 아니다. 그것은 사고의 경우처럼 외부의 어떤 것과 관련되어 있지 않다.

비판 4. 감각질을 설명하지 못한다

심신문제에 대한 여타의 해결책들이 그렇듯이 유형 물질주의는 의식 경험을 설명하는 데, 즉 어떤 상태에 있다는 것이 실제로 어떠한 것인지 설명하는 데 실패했다고 종종 비판받는다. 의식은 정의하기 어렵기는 하지만 어쨌든 감각, 느낌, 고통, 즐거움, 욕구 등을 포함하는 것은 분명하다. 감각질(qualia)이라는 말은 이러한 것들을 일컫는 데 쓰이는 일반적인 용어이다. 비록 우리가 동일한 사물에 대한 대안적 표현으로서 '물'이나 'H$_2$O'에 대해 말할 수는 있을지라도 '뉴욕에 대한 나의 첫인상에 대한 추억'은 쉽게 '특정 두뇌 상태'로 대치될 수 없을 것 같다. 물의 경우에 우리는 비정신적인 대상들을 다룬다. 후자의 경우에는 의식적 경험에 대한 특정한 느낌이 존재한다. 그러나 이런 사고를 단순히 두뇌 상태로 환원하는 것은 어떻게 이런 사고가 그런 내용으로 될 수 있는지에 대한 설명을 제공해 주지 못한다. 그것은 의식과 사고에 연관된 가장 근본적인 현상 가운데 하나를, 즉 감각질의 존재를 무시한다. 이 점을 강조하기 위해, 신경 세포의 반응과 같은 심한 고통의 순수하게 물질적인 측면과 고통에 대한 실제의 괴로운 느낌 사이의 차이를 생각해 보라. 물질적 기술은 이런 상태를 경험한다는 것이 정말로 어떠한 것인지를 완벽하게 파악하지 못한다.

비판 5. 개별적 차이를 무시한다

유형 동일론에 대한 또 하나의 비판은 이렇다. 유형 동일론은, 예를 들어 날씨에 관한 생각이 서로 다른 사람들에 의해 이루어질 때에도 모두 반드시 동일한 유형의 두뇌 상태이어야 한다고 주장한다. 그러나 서로 다른 사람들의 두뇌 기능은 서로 조금씩 다르기 때문에, 서로 다른 사람들의 서로 다른 두뇌 상태도 여전히 유사한 사고를 일으킬 수 있을 것이라고 믿을 만한 좋은 이유가 있을 수 있다.

심지어 이 이론은 사고가 서로 확연히 분리될 수 있음을 전제하기까지 한다. 즉 우리는 어느 지점에서 한 사고가 끝나고 어느 지점에서 다른 사고가 시작되는지 말할 수 있다는 것을 전제한다. 유형 동일론의 근본 가정은 두 사람이 정확히 동일한 유형의 사고를 가질 수 있다는 것이다. 자세히 분석해 보면 이것은 애매한 가정임이 드러난다. 만일 당신과 내가 둘 다 어두운 하늘이 아름답게 보인다고 생각하고 있다면, 우리는 이 생각을 동일한 언어로 표현할 수도 있을 것이다. 우리는 둘 다 구름이 달빛에 어린 특정한 방식 등에 주목할지도 모른다. 그러나 우리가 반드시 동일한 유형의 사고를 가져야만 하는가?

　하늘의 아름다움에 대한 나의 생각은 밤하늘에 대한 나의 경험 전체와 쉽게 분리될 수 없을 터인데, 이 경험 전체는 당신의 것과 명백히 다를 것이다. 또는 만일 내가 『1984년』의 저자가 필명을 사용했다고 믿고 당신은 에릭 블레어(Eric Blair)가 필명을 사용했다고 믿는다면, 우리는 동일 유형의 사고를 공유하는가? 확실히 우리 신념의 진술은 (문필계에서 조지 오웰로 더 잘 알려진) 동일인을 지시할 것이다. 그러나 이러한 질문에 답하기는 쉽지 않다.

　이런 물음은 우리의 정신 생활을 한켜 한켜 베어낼 수 있으며, 그 한 단면을 제거하거나 다른 사람들의 정신 생활과 비교할 수 있다는 주장의 난점을 보여준다. 만일 두 사람이 동일 유형의 사고를 가지는지 단정할 수 없다면, 유형 동일론적 물질론은 마음에 관한 이론으로서 설득력을 잃을 것이다.

개별자 동일론

　유형 동일론에 대한 이러한 비판은 개별자 동일론(token-identity theory)에 의해 제기된다. 물질주의의 또 다른 형태인 개별자 동일론은 유형 동일론과 마찬가지로 모든 사고는 두뇌 상태와 동일하다고 말한다. 그러나 유형 이론과 달리 개별자 동일론은 동일 유형의 사고라고 해서 모두 동일 유형의 두뇌 상태일 필요는 없다고 본다. 이 이론은 '유형'과 '개별자' 사이의 근본적 구분법을 사용한다. 이 구분은 예들을 통해 아주 쉽게 설명된다. 『전쟁과 평화』라는 책의 각 권들은 특정한 유형(『전쟁과 평화』라는 소설)의 개별자(token)들이다. 또는 만일 당신이 폭스바겐의 '딱정벌레' 차를 소유하고 있다면, 당신은 특정 유형('딱정벌레' 차)의 개별자를 소유하고 있는 것이다. 유형은 종(species)이며, 개별자는 이 종의 개별 사례이다. 개별자 동일론이 말하는 바는 특정 유형의 사고의 개별자들이 반드시 정확하게 동일한 유형의 물질적 상태일 필요는 없다는 것이다.

　그러므로 오늘 내가 '버트란드 러셀은 철학자였다'라고 생각할 때, 이것은 내가 어제 그렇게 생각했던 것과 다른 두뇌 상태를 포함할 수 있다. 마찬가지로 당신이 이런 생각을 하기 위해서 나의 생각(어제의 생각이든 오늘의 생각이든)과 동일한 두뇌 상태에 있을 필요는 없다.

　그러나 개별자 동일론은 적어도 한 가지 주요 비판에 열려 있다.

비판. 동일한 두뇌 상태가 다른 사고일 수 있다

이러한 단순한 개별자 동일론은 두 사람이 물질적으로 (미세한 분자구조에까지) 동일하면서도 정신적으로는 완전히 다를 수 있다는 것을 허용하는 것 같다. 이것은 정신적인 것을 물질적인 것에서 지나치게 독립시키는 것 같다. 그것은 물질적인 것과 정신적인 것의 관계를 아주 신비스러운 것으로 만든다. 심지어 심신 이원론이 그렇게 하는 것보다도 더 신비스럽게 말이다.

그러나 개별자 동일론자들은 수반(supervenience)이라는 개념을 가지고 이론화한다. 만일 어떤 것의 속성이 그 존재를 위해 다른 속성에 의존한다면 그 속성은 다른 속성에 수반적 (supervenient, 말 그대로 '위에 놓인다')이다. 가령 아름다움은 (이에 대해 누구나 동의한다고 가정한다면) 물질적 속성에 수반한다. 즉 두 사람이 물질적으로 동일하면, 이들 중 하나는 아름다우면서 다른 하나는 그렇지 않은 경우는 불가능하다. 그렇다고 이 말이 모든 아름다운 사람이 서로 동일하다는 말은 아니다. 단지 만일 두 사람이 세포 단위까지 동일하다면, 한 사람은 아름다우면서 다른 사람은 그렇지 않을 수는 없다는 말일 뿐이다. 만일 우리가 정신적 속성은 물질적 속성에 수반한다는 개념을 추가시킴으로써 개별자 동일론을 수정한다면, 이것이 의미하는 바는 만일 물질적 속성이 동일하다면, 정신적 속성은 다를 수 없다는 것이다. 그러나 이것이 두 사람이 동일한 정신적 경험을 가지기 때문에 이들은 반드시 동일한 두뇌 상태를 가지고 있어야 한다는 것을 의미하는 것은 아니다.

행동주의

행동주의는 이원론과 물질주의와는 전혀 다른 방식으로 심신 문제를 벗어나는 길을 제시한다. 행동주의자들은 마음의 존재를 아예 부정한다. 어떻게 이들이 대부분의 사람들에게 명백한 듯이 보이는 것을 그럴 듯하게 부정할 수 있는지 자세히 검토해 보자.

우리가 어떤 사람이 고통 상태에 있다거나 성이 나 있다고 기술할 때, 행동주의자들은 그러한 것들은 그 사람의 정신적 경험에 대한 기술이 아니라고 주장한다. 오히려 그것은 그 사람의 공적 행위 또는 가설적 상황에서의 잠재적 행위에 대한 기술이다. 다시 말해 그것은 이러저러한 상황에 처할 때 그들이 행위하게 될 것들에 대한, 즉 행위의 성향에 대한 기술이다. 고통 상태에 있다는 것은 움츠리고, 신음하고, 울고, 소리지르는 등의(고통의 정도에 따른 다양한 방식의) 경향을 가지는 것이다. 성이 났다고 하는 것은 버럭 소리치고, 발을 구르고, 사람들에게 거칠게 반응하는 경향을 뜻한다. 행동주의자에 따르면, 비록 우리가 우리의 정신 상태에 대해 이야기할지라도 이것은 단지 우리의 행동과 일정한 방식으로 행동하려는 경향을 기술하는 단순화된 방식일 뿐이다. 이런 정신 행태를 기술하는 단순화된 방식이 결국 우리로 하여금 마음은 분리된 실체라고 믿게 만들었다는 것이다.

유명한 행동주의 철학자 길버트 라일(Gilbert Ryle, 1900~1976)은 자신의 책 『마음의 개념』에서 이러한 이원론적 견해를 '기계 안의 유령이라는 도그마'라고 불렀다. 여기서 유령은 마음이고 기계는 몸을 뜻한다.

행동주의자들의 설명은 심신 문제를 진짜 문제가 아닌 사이비 문제로 만든다. 마음과 몸 사이의 관계를 설명해야 하는 문제는 아예 없는 것이다. 왜냐하면 정신적 경험은 행동 유형으로 쉽게 설명되기 때문이다. 그러므로 행동주의자들은 문제를 해결했다기보다는 그것을 완벽하게 해소했다고 주장한다.

비판 1. 고통을 가장할 수 있다

행동주의에 대한 비판 가운데 하나는 이것이 실제로 고통을 겪고 있는 사람과 고통스러운 체하는 사람을 구분하지 못한다는 것이다. 만일 정신적인 것에 관한 모든 담론이 행동에 관한 기술로 환원된다면, 그럴 듯하게 흉내내는 사람과 진짜 고통을 겪는 사람 사이의 차이에 관한 설명을 제공할 여지가 없을 것이다.

이러한 반대에 대하여, 행동주의자는 아픈 체하는 사람에 대한 성향적 분석이 진짜 아픈 사람의 그것과 다를 것이라고 대답할 수 있을 것이다. 비록 이들의 행동은 매우 흡사할지라도 다른 상황이 분명히 있으리라는 것이다. 예를 들어, 아픈 체하는 사람은 고통에 수반되는 여러 생리적 현상 — 체온의 변화나 식은 땀과 같은 것들 — 을 생겨나게 할 수 없을 것이다. 또한 아픈 체하는 사람은 진통제에 대해 진짜 아픈 사람과는 매우 다르게 반응할 것이다. 흉내내는 사람은 언제 그 약이 듣기 시작했는지 알지 못하는데 반해 진짜 아픈 사람은 자기 신체 내에서의 변화로 인해 진통효과를 느낄 것이다.

비판 2. 감각질을 설명하지 못한다

행동주의에 대한 또 다른 비판은 그것이 특정한 정신적 상태에 있다는 것이 실제로 어떤 느낌인지를 설명하지 못한다. 정신적 사건을 행동 경향으로 환원시킴으로써, 행동주의는 감각질(qualia)을 정당하게 다루지 않는다. 확실히 이 이론에 대한 주요 비판은 이것이 진짜 아픈 상태의 경험을 단순히 외치고, 움츠리고, '나는 아프다'라고 말하는 성향을 가지는 것으로 환원시킨다는 데 있다.

진정으로 아픈 상태에서의 느낌과 같은 어떤 것이 존재하며, 이것은 정신 생활의 본질적인 요소에 속한다. 그런데 행동주의는 이것을 무시한다.

비판 3. 나는 어떻게 나 자신의 신념에 대해 배우는가

행동주의에 따르면, 내가 나 자신의 신념에 대해 배우는 방식은 내가 다른 사람들의 신념에 대해 배우는 방식과 정확히 동일하다. 즉 나는 행동의 관찰을 통해 배운다는 것이다. 그러나 이것이 실제로 일어나는 일에 대한 부정확한 묘사라는 것은 분명하다. 물론 내가 말하는 것을 들음으로써 그리고 내가 다양한 상황에 처하여 행위하는 것을 관찰함으로써, 내가 실제로 믿는 것에 대한 흥미로운 발견을 할 수 있는 것은 사실이다. 그러나 내가 살인은 그르다고 믿고 있다는 것, 또는 나는 잉글랜드에 살고 있다는 것과 같은 것들을 스스로 알기 위하여 내 자신의 행위를 관찰할 필요는 없다. 나는 나 자신의 행동을 면밀히 조사하는 사설 탐정처럼 굴지 않아도 이런 것들에 대해 안다. 그러므로 행동주의는 자신의 신념을 아는 방식과 다른 사람들의 신념을 알아내는 방식 사이의 차이를 만족스럽게 설명해 주지 못한다.

이런 비판에 대해 가능한 답변은 이렇다. 내가 나 자신이 가령 고문은 잔인하다고 믿고 있는지 아닌지를 알기 위해 내성할 때(즉, 내 안을 들여다볼 때), 내가 하는 것은 바로 '내가 어떤 사람이 고문받고 있음을 안다면 무어라 말하고 어떻게 행위할까?' 하고 스스로 생각하는 것이라고. 그리하여 이런 물음에 대한 대답은 내가 가지고 있는 관련 성향을 스스로에게 드러내는 것이 될 것이다. 이것이 참이라면, 자신의 경우에 대해 알아내는 것과 다른 사람의 경우에 대해 알아내는 것 사이에 아무런 중요한 차이도 없다고 행동주의자가 가정하는 것은 정당하다. 그러나 내성(introspection)에 대한 이러한 분석은 크게 확신을 주지 못한다. 내성을 할 때 내가 행위하는 것과 내가 느끼는 것이 일치하지 않기 때문이다.

비판 4. 마비된 사람도 고통을 느낀다

행동주의는 문제가 되는 개인의 반응 또는 잠재적 반응에 전적으로 기초하고 있기 때문에, 이로부터 완전히 마비된 사람은 정신적 경험을 가질 수 없다는 결론이 나온다. 만일 어떤 사람이 현재 그리고 앞으로도 움직일 수 없다면, 도대체 어떻게 그가 행동할 수 있단 말인가? 그렇다면 행동주의자는 이렇게밖에 말할 수 없다. 즉 완전히 마비된 사람은 아무런 고통 행태를 보여주지 않으므로 고통을 느낄 수 없다고 말이다. 그러나 일찍이 마비되었다가 회복된 사람의 증언을 통해 우리는 마비된 사람도 때로는 매우 풍부한 정신적 경험을 하며, 고통을 경험할 능력이 분명히 있음을 알고 있다.

비판 5. 신념이 행동을 일으킬 수 있다

행동주의에 대한 또 하나의 비판은 행동주의가 사람의 신념이 그들의 행동의 원인이 될 수 있는 가능성을 허용하지 않는다는 사실이다. 행동주의적 분석에 따르면, 어떤 사람이 비옷을 입는 것은 비가 오리라는 그의 신념 때문이 아니다. 오히려 그 원인은 비옷을 입으려는 경향성이며, 이것이 그 신념의 주요 구성요소이다. 정신적 사건은 행동을 일으킬 수 없다. 왜냐하면 그것들은 행동과 독립해서는 존재하지 않기 때문이다. 즉 행동주의에 따르면, 정신적 사건들은 단지 일정한 방식으로 행동하려는 성향에 지나지 않는다. 그러나 분명한 사실은 적어도 가끔은 우리의 정신적 사건이 행동을 일으킨다는 것이다. 나는 비가 오리라고 생각하기 때문에 비옷을 입는다. 그러나 행동주의자는 비가 오리라고 믿는 나의 신념을 내 행동에 대한 설명으로 사용할 수 없다. 내 신념은 행동에 의해, 그리고 일정한 방식으로 행동하려는 나의 경향성에 의해 이루어져 있다고 보기 때문이다. 즉 신념과 행위는 분리될 수 없는 것으로 보기 때문이다.

기능주의

    기능주의는 심신문제를 놓고 최근에 개발된 입장이다. 이것은 정신 상태의 기능적 역할에 집중한다. 이 말의 실질적 의미는 입력, 출력 및 내적 상태 사이의 관계에 집중한다는 말이다. 기능주의자는 하나의 정신 상태를 다른 정신 상태와 그것이 맺는 전형적 관계 그리고 그것이 행동에 미치는 결과로 정의한다. 그러므로 날씨에 대한 특정 생각은 다른 생각과 행동에 대한 이것의 관계로 정의된다. 즉 무엇이 그런 생각을 가지도록 나를 이끄는지, 그 생각과 나의 다른 생각과의 관계는 무엇인지, 그리고 그 생각이 나로 하여금 어떤 행위를 하게 만드는지에 의해 정의된다.

    이러한 기능주의는 일반적으로 정신 활동은 행동 성향과 긴밀히 연관되어 있다는 식의 행동주의의 몇몇 통찰에 힘입고 있다. 그렇지만 그것은 정신적 사건은 실제로 행동의 원인일 수 있다는 것을 인정한다.

기능주의는 컴퓨터와 그 프로그램 사이의 관계와 비교해 보면 좀더 쉽게 이해될 수 있다. 컴퓨터에 대해 이야기할 때, 하드웨어와 소프트웨어를 구별하는 것은 유용하다. 컴퓨터의 하드웨어는 실제 무엇으로 만들어진 것이다. 즉 트랜지스터들, 폐쇄회로들, 실리콘 칩들, 스크린, 키보드 등등으로 만들어진 것이다.

이와 달리 소프트웨어는 프로그램, 즉 하드웨어가 수행하는 운용 체계이다. 소프트웨어는 대개 용도에 따라 많은 서로 다른 체계로 변형될 수 있다. 소프트웨어는 대개는 컴퓨터 하드웨어에게 주는 복잡한 명령의 체계이며, 이것은 물리적으로 수많은 다른 방식으로 수행될 수 있지만 동일한 결과를 얻는다.

마음에 관한 이론으로서의 기능주의는 사고에 관련된 하드웨어에 관심을 두기보다는 그것의 소프트웨어에 관심을 두고 있다. 이런 점에서 이 이론은 행동주의와 유사하다. 이와 대조적으로 물질주의는 하드웨어의 비트(인간 두뇌)와 특정 종류의 소프트웨어(인간적 사고) 사이의 관계를 밝히는 데 주목한다. 기능주의가 비록 다양한 종류의 물질주의와 양립할 수 있다 해도 결코 사고의 하드웨어에 관한 이론은 아니다. 이것은 어떤 종류의 물리적 체계 안에서 정신의 프로그램이 작동하느냐에 대해서는 중립적이다. 이것의 주요 관심은 서로 다른 종류의 사고와 행동 사이에 유지되는 관계를 구체화시키는 일이다.

비판. 감각질 : 컴퓨터와 사람

기능주의는 철학자들 사이에서 매우 각광받는 이론이지만 이에 대한 비판 또한 만만치 않다. 빈번하게 행해지는 비판 가운데 하나는 이 이론이 의식 경험과 감각을 적절히 설명하지 못한다는 것이다. 즉 고통을 겪고 있다는 것, 행복을 느낀다는 것, 날씨에 대해 생각한다는 것 등등이 과연 어떠한 것인지 설명해 주지 못한다.

이와 유사한 반대가 종종 컴퓨터도 마음을 가질 수 있다고 주장하는 사람들을 겨냥해 제기된다. 예를 들어, 현대의 철학자인 존 서얼(John Searle)은 인간이 한 이야기를 이해하는 것과 컴퓨터가 그것을 '이해하는' 것 사이의 차이를 지적해 보이는 사고실험을 제시했다.

당신이 문이 잠긴 어떤 방 안에 있다고 상상해 보자. 당신은 한자(漢字)를 알지 못한다. 방문의 편지구멍을 통해 다양한 한자가 쓰여진 카드종이들이 들어온다. 방 안의 탁자 위에는 책 한 권과 다른 내용의 한자들이 쓰여 있는 카드종이들이 가지런히 쌓여 있다. 당신의 임무는 편지구멍을 통해 들어오는 카드 한 장에 쓰여 있는 한자들을 책에서 찾는 일이다. 그 책은 그 한자와 연결될 다른 한자를 지정해 준다. 당신은 이 다른 한자를 탁자에 놓인 카드더미들에서 찾아 편지구멍 밖으로 내보내 주도록 되어 있다.

이 방의 밖에서 보자면, 당신은 한자로 쓰인 이야기에 대한 질문에 대답하는 것처럼 보인다. 방으로 들어오는 카드들은 한

자로 쓰인 질문이고 당신이 밖으로 내보내는 것들은 대답이 된다. 비록 당신은 한자를 이해하지 못할지라도, 방 바깥에서 보기에는 당신이 그 이야기를 이해하고 당신이 받은 질문에 대해 아주 똑똑하게 답하는 것처럼 보일 것이다. 그러나 실제로 당신은 그 이야기를 이해하는 것과 같은 경험은 전혀 할 수 없다. 당신은 그저 당신에게 무의미한 듯이 보이는 글자들을 조작하고 있는 데 지나지 않는다.

소위 '똑똑한(intelligent)' 컴퓨터 프로그램은 마치 서얼(John Searle)의 '중국어 방' 사고 실험에 나오는 당신과 똑같은 역할을 한다. 컴퓨터는 당신처럼 그저 기호들을 조작할 뿐이다. 이것들이 무엇을 의미하는지에 대해 이해하지 않고 말이다. 결국 우리가 앞에서 살펴본 것처럼 기능주의를 컴퓨터 유비를 통해서 설명하게 되면, 그것은 마음에 관한 완전한 그림을 우리에게 제공할 수 없다. 기능주의는 '참으로 이해한다는 것'이 무엇인지를 설명하지 못한 채 그것을 기호들을 조작하는 것과 같은 것으로 만들어버린다.

타인의 마음은 존재하는가

지금까지 심신문제를 해결하려는 여러 가지 주요 시도를 검토했다. 우리가 보았듯이 마음에 관한 어떤 이론도 완벽하게 만족스럽지는 못하다. 이제 마음에 관한 철학에 관련된 또 다른 문제인 타인의 마음의 문제(the problem of other minds)로 관심을 돌려보자. 나는 어떻게 다른 사람들도 나와 같은 방식으로 생각하고, 느끼고, 의식한다는 것을 아는가? 나는 내가 아픔을 느낀다는 것을 확실하게 알지만, 다른 사람도 그렇다는 것을 어떻게 확신할 수 있는가? 나는 내가 살아가는 방식에 미루어 다른 사람들도 감정 있는 존재이며, 내 자신과 매우 유사한 경험을 가질 수 있다고 가정한다. 그러나 이것을 확신할 수 있는가? 왜냐하면 다른 사람들 모두가 내적 생활을 가진 것처럼 반응하도록 프로그램된 고도의 정교한 로봇 또는 기계 인형일 수도 있기 때문이다.

이런 생각이 일종의 편집증에 가깝게 보일지도 모르겠지만 이 문제에 크게 관심을 쏟는 철학자들에게는 심각한 문제이다. 이에 대한 연구는 우리가 자신의 경험에 대해 배우게 되는 방식과 다른 사람들의 경험에 대해 배우는 방식 사이의 중대한 차이를 드러내 주기 때문이다.

행동주의에게는 문제가 안 된다

다른 사람들의 경험에 관한 이러한 의심에 답하는 가장 평범한 길을 살펴보기 전에 짚고 넘어갈 것이 있다. 즉 타인의 마음의 문제가 행동주의자들에게는 발생하지 않는다는 것이다. 행동주의자에게 다른 사람들의 행동에 근거하여 그들의 정신적 경험을 인정하는 것은 매우 적절한 처사이다. 마음이란 바로 그런 것이기 때문이다. 즉 특정 상황에서 특정 방식으로 행위하려는 경향성이기 때문이다. 이것이 저 악명높은 행동주의적 우스갯소리를 낳았다. 두 명의 행동주의자가 섹스를 하고 나서 서로에게 물었다. "이번 것은 너에겐 참 만족스러웠어. 그런데 나에겐 어땠지?"

유비논증

다른 사람들도 의식을 가지는가 하는 의심에 대한 가장 명백한 대답으로서 유비 논증이 있다. 제1장에서 신의 존재를 옹호하기 위한 디자인 논증을 검토하면서 살펴보았듯이, 유비 논증은 두 개의 아주 유사한 것들 사이의 비교에 기초하고 있다. 만일 하나가 몇몇 측면에서 다른 하나와 유사하다면, 우리는 다른 측면에서도 서로 유사할 것이라고 가정한다.

다른 사람들은 많은 중요한 측면에서 나와 닮았다. 우리는 모두 동일한 종의 구성원이며 따라서 매우 닮은 신체를 가진다. 우리는 또한 매우 유사하게 행동한다. 나는 심한 아픔을 느낄 때 비명을 지른다. 대부분의 다른 사람들도 비슷한 상황에서 마찬가지로 행동한다. 유비 논증은 나 자신의 경우와 다른 사람들의 경우 사이에 보이는 신체와 행동에서의 유사성은 다른 사람들도 나와 동일한 방식으로 진짜 의식을 가진다고 추론하게 만들기에 충분하다고 주장한다.

비판 1. 입증이 아니다

유비 논증은 다른 사람들도 마음을 가진다는 것을 결정적으로 입증하지 못한다. 유비 논증은 많은 양의 지지 증거를 필요로 한다. 그러나 타인의 마음에 관한 유비 논증에는 오직 하나의 사례—나 자신—만이 있을 뿐이다. 즉 내가 목격한 것은 특정 종류의 신체 및 행동(나 자신의 신체 및 행동)과 특정 종류의 의식(나 자신의 의식) 사이에 보이는 연결에 한정된다.

이뿐만이 아니다. 다른 사람들의 신체와 행동이 나의 것과 다른 경우도 많이 있다. 이런 차이가 유사성보다 더 중요할지도 모른다. 나는 이 유비 논증을 사용하여 다음과 같이 주장할 수도 있다. 즉 내 신체 및 행동과 다른 사람들의 그것들 사이에 보이는 차이가 사람들 사이에 정신적 경험 유형의 가능한 차이를 보여준다고 말이다.

게다가 유비 논증은 귀납적이므로 그 결론에 대한 개연적인 명증성만을 제공할 뿐이다. 즉 이런 논증은 결코 어느 것도 결정적으로 입증하지 못한다. 기껏해야 다른 사람들도 마음을 가진다는 것은 거의 확실하다고 말할 수 있을 뿐이다. 이것은 연역적 증명이 아니다. 우리가 과학에 관한 장에서 보았듯이 내일 태양이 떠오를 것이라는 데에 관한 확증은 없고, 다만 그럴 것이라고 확신할 좋은 이유 정도를 가질 뿐이다.

비판 2. 검증이 불가능하다

'그가 고통을 겪고 있다'와 같은 언명이 참인지 거짓인지를 결정적으로 밝힐 길은 없는 것 같다. 단지 어떤 사람이 비명을 지른다고 해서, 이것으로부터 그가 내가 심한 고통을 느낄 때와 동일한 종류의 것을 경험하고 있다는 결론은 나오지 않는다. 그는 어쩌면 아예 아무런 경험도 가지고 있지 않을지 모른다. 그의 경험에 대한 그 어떤 형태의 언어적 기록도 믿을 만하지 못하다. 로봇도 그런 상황에서 그럴 듯하게 답하도록 프로그램될 수 있기 때문이다. 어떤 사람이 고통을 경험하고 있다는 사실을 확증하거나 반박할 수 있는 그 어떤 관찰도 불가능하다. 물론 어떤 사람이 비명을 지르고 있다는 사실은 현실적으로 우리로 하여금 그 사람이 고통을 받고 있다고 확신하게 만들기에 충분할 것이다. 그러나 논리적 관점에서 보면, 그런 행동은 고통에 대한 절대적 입증이 되지 못한다(비록 대부분의 사람들은 그것이 신뢰할 만하다는 가정 위에서 살아갈지라도 말이다).

다른 사람들은 의식을 가지지 않는다고 생각하는 것이 너무 지나친 것처럼 생각되는 것은 당연하다. 다른 사람들이 마음을 가진다는 것에 대해 우리는 이미 확신하고 있기에, 이 문제에 대한 결정적인 입증은 필요하지 않을지 모른다 — 확실히 대부분의 사람들은 대부분의 경우에 다른 사람들이 마음을 가진다는 가정 위에서 살아간다. 외부 세계에 관한 장(7장)에서 살펴보았듯이, 유아론(solipsism)은 견딜 수 있는 입장이 못 되기 때문이다.

결론

이 장은 이원론, 물질주의 및 타인의 마음의 문제에 관한 논의에 초점을 맞추었다. 이것들은 마음의 철학에서 중심이 되는 문제들이다. 철학은 사고의 본성과 깊이 관련된 것이기에, 많은 철학자들, 특히 마음에 관한 철학을 전공하는 철학자들은 이 장에서 논의된 문제들이 거의 모든 철학적 문제의 심장부에 자리 잡고 있다고 생각한다. 실제로 20세기의 대부분의 뛰어난 철학자들은 마음의 철학에 관한 문제에 심혈을 기울였다. 그 결과이 분야에 관한 저술들은 대부분 매우 정교하고 전문적인 형태를 띠게 되었다. 아래 열거된 책들은 여러분에게 마음의 철학에 관한 저술들의 복잡한 미로를 헤쳐나가는 안내자가 될 것이다.

더 읽을 책들

마음의 철학에 대한 최고의 입문서는 스미스와 존스의 『마음의 철학』(Peter Smith and O. R. Jones, *The Philosophy of Mind*, Cambridge : Cambridge University Press, 1986)이다. 이 책은 명료할 뿐 아니라 이 분야에서 일어난 최근의 논의에 대한 풍부한 정보를 제공한다. 처칠랜드의 『물질과 의식』(P. M. Churchland, *Matter and Consciousness*, Cambridge, Mass. : MIT Press, 1984)은 또 하나의 유용한 입문서이다. 또한 맥긴의 『마음의 특질』(Colin McGinn, *The Character of Mind*, Oxford : Oxford University Press, 1982)을 추천하고 싶다. 비록 이 책은 곳곳에 아주 어려운 부분이 있지만 말이다.

홉스타터와 데넷이 편집한 『마음의 나』(Douglas R. Hofstadter and Daniel C. Dennett, ed., *The Mind's I*, London : Penguin, 1982)는 마음에 관한 철학적 개념을 다룬, 재미있고 편히 읽을 수 있는 논문, 수필, 단편들의 모음집이다. 이 책은 서얼의 논문「마음, 두뇌 그리고 프로그램」(John Searle, "Minds, Brains, and Programs")를 포함하는데, 이 논문에서 그는 컴퓨터가 진짜로 생각할 수 있는지의 문제를 다루고 있다.

10. 예술이란 무엇인가

그림전시회를 보고, 소설과 시집을 읽고, 연극이나 발레를 관람하고, 영화를 보러가고, 또는 음악을 듣는 대부분의 사람들은 때때로 예술이라는 것이 무엇일까 생각해 본 적이 있을 것이다. 이것이 예술철학의 밑바탕에 깔려 있는 근본 물음이다. 이 장에서는 이 물음에 대한 여러 가지 대답을 고찰할 것이다. 또한 예술과 예술비평에 관한 많은 철학적 물음을 검토할 것이다.

영화 · 사진 같은 새로운 예술 형태가 출현하고, 또한 전람회에서 벽돌로 쌓은 기둥이나 골판지 상자 더미와 같은 것들이 전시된다는 사실은 우리로 하여금 예술이라 불리는 것의 한계에 대해 생각하게 만들었다. 명백하게 예술이란 다른 시대, 다른 문화 속에 존재하는 다른 것들을 의미해 왔다. 예술은 의례적, 종교적 그리고 유흥적 목적으로 사용되고 동시에 그것을 낳은 문화의 핵심적인 신념, 두려움, 욕망을 형상화하는 일도 해왔다. 인류 초기에 예술로 여겨질 수 있는 것은 더욱 분명하게 정의될 수 있었을 것이다. 그러나 20세기 후반 바야흐로 우리는 무엇이든 예술작품이 될 수 있는 시대에 이르렀다. 그렇다면 어떤 대상, 저술 또는 음악을 다른 것들과 구별하여 예술이라 부를 만한 것으로 만드는 것은 무엇인가?

예술은 정의될 수 있는가

 예술작품에는 대단히 다양한 종류가 있다. 그림, 연극, 영화, 소설, 음악 그리고 춤, 이런 것들은 아마도 서로 공통점이 거의 없을 것이다. 이런 사실로 인해 몇몇 철학자들은 예술은 결코 정의될 수 없다고 주장했다. 공통분모를 찾으려는 시도는 완전한 착각이라고 이들은 주장한다. 왜냐하면 모든 예술작품에 만족스럽게 적용되는 정의를 찾기에는 예술작품의 종류가 너무나 다양하기 때문이다. 이런 입장을 지지하기 위해 그들은 비트겐슈타인(Ludwig Wittgenstein)이 『철학적 탐구』에서 사용한 가족유사성이라는 개념을 사용한다.

비판. 가족유사성만이 있을 뿐이다

 당신은 당신의 아버지와 조금은 닮았을 것이며, 당신의 아버지는 그의 여자 형제와 닮았을 것이다. 그러나 당신은 당신의 고모와 전혀 닮지 않을 수도 있다. 달리 말해서 한 가족의 구성원 모두가 공유하는 하나의 뚜렷한 특성은 없고, 이들 사이에 중첩된 유사성만이 있을 수 있다. 이와 마찬가지로 많은 게임들이 서로 유사하기는 하지만 솔리테어(역주 : 혼자서 하는 카드 게임의 일종), 체스, 럭비 그리고 티들리윙크(역주 : 작은 원형 플라스틱을 이보다 큰 것으로 가장자리를 눌러 컵 안에 튕겨넣는 아이들 놀이의 일종) 사이에 공통된 것이 무엇인지 말하기 어렵다.

서로 다른 예술 사이의 유사성은 이런 유형의 것일지 모른다. 즉 몇몇 예술작품들 사이에 유사성이 명백히 존재하지만 예술 모두가 공유하는 뚜렷한 특성, 즉 공통 분모는 없을지 모른다. 만일 사실이 이렇다면 예술에 대한 일반적 정의를 찾는 일은 착각이다. 우리가 기대할 수 있는 최선의 것은 소설, 극영화, 교향곡 같은 특정 형태의 예술을 각각 정의하는 일이다.

이런 견해가 거짓임을 입증하는 한 가지 방법은 예술에 대한 만족스러운 정의를 제공하는 것이겠다. 우리는 다음에서 이러한 다양한 시도를 살펴볼 것이다. 그런데 가족유사성의 경우에도 모든 가족 구성원이 공유하는 어떤 것이 있다는 것을 주목해 봄 직하다. 즉 이들은 유전적으로 관련되어 있다는 사실이 그것이다. 또한 모든 게임들은 이것들이 참가자나 관객이 비실제적인 이익에 빠져들 잠재성을 가진다는 점에서 서로 유사하다. 게임에 관한 이런 정의가 다소 애매하고 그다지 만족스럽지 않다 해도—이런 정의는 게임을 다른 활동, 가령 키스나 음악감상 같은 활동과 구별하는 데에는 도움이 되지 않는다—이것은 더욱 상세하고 그럴 듯한 정의를 찾을 수 있다는 것을 보여준다. 만일 이것이 게임에 대해 가능하다면, 예술작품들에서 그런 가능성을 미리부터 배제할 이유는 없을 것이다. 물론 모든 예술작품의 공통분모를 찾는 일이 딱히 흥미롭거나 중요하다고 여겨지지 않을 수도 있지만, 어쨌든 그것을 찾는 일은 분명 가능하다. 그렇다면 몇몇 시도된 정의들을 고찰해 보자. 우리는 예술은 의미있는 형식이라는 이론, 관념론, 제도론을 차례로 검토할 것이다.

의미있는 형식 이론

20세기 초 예술 비평가 벨(Clive Bell, 1881~1964)이 그의 책 『예술』을 통해 널리 유행시켰던 의미있는 형식(significant form) 이론은 모든 진정한 예술작품은 관객, 청중 또는 독자에게 미적 정서(aesthetic emotion)를 생기게 한다는 가정에서 출발한다. 이 정서는 일상생활의 정서와는 다르다. 즉 이것은 실제적 관심과는 무관하다.

예술작품의 어떠한 점이 사람들에게 이런 식의 반응을 일으키는 것일까? 왜 예술작품은 이러한 미적 정서를 일으키는가? 벨이 제시하는 대답은 모든 진정한 예술작품은 (그가 만들어낸 말인) '의미있는 형식'이라고 알려진 어떤 성질을 공유한다는 것이다. 의미있는 형식은 부분들 사이의 일정한 관계 — 예술작품의 주제(내용)보다는 그것의 구조가 가지는 뚜렷한 특질들 —

이다. 비록 이 이론이 주로 시각 예술에만 적용되는 면이 있지만, 이것은 또한 모든 예술의 정의로도 받아들여질 수 있다.

예를 들어 반 고흐가 그린 한 켤레의 낡은 구두 그림을 예술작품으로 만드는 것이 무엇인지를 고찰하는 의미있는 형식론자는 의미있는 형식을 지닌, 그리하여 감각있는 비평가들에게 미적 정서를 일으키는 색상과 재질의 조합을 지적할 것이다.

의미있는 형식은 감각있는 비평가들이 예술작품 안에서 직관적으로 식별할 수 있는 어떤 정의 불가능한 성질이다. 불행하게도 예술 감각이 없는 비평가들은 이러한 의미있는 형식을 인지할 수 없다. 벨은 다음에 논의할 제도론자들과 달리 예술은 평가적 개념이라고 믿는다. 이것은 어떤 것을 예술작품이라고 부르는 것은 그것을 단지 분류하는 데 그치는 것이 아니라 그것은 특정한 지위를 지닌다고 말하는 것이라는 의미이다. 모든 시기, 모든 문화에서 진정한 예술작품은 모두 의미있는 형식을 지니고 있다.

비판 1. 순환논증이다

의미있는 형식 이론을 지지하는 논증은 순환적인 것 같다. 이 논증은 그저 미적 정서는 '미적 정서를 낳는 성질'에 의해 생긴다고 말하고 있는데, 이 성질에 대해서는 그 이상 설명될 수 없다. 이것은 마치 어떻게 수면제가 작용하는가에 대해 그것의 수면 유발 성질을 지적함으로써 설명하는 것과 흡사하다. 이것은 순환논증이다. 왜냐하면 설명되어야 할 것이 설명 안에 사용되기 때문이다. 그러나 몇몇 순환논증은 정보를 제공할 수 있으므로 악순환적이지는 않다. 의미있는 형식 이론의 옹호자는 이렇게 주장할 수 있다. 즉 이 이론은 왜 어떤 사람들이 다른 사람들보다 더 나은 비평가인지를 밝혀주기 때문에(왜 그런가 하면 그들은 의미있는 형식을 감지하는 더 나은 능력을 가지기 때문이다) 악순환적이지 않다고. 이 논증은 또한 다른 문화, 다른 시대의 예술작품을 오늘날의 예술작품과 다방면에서 유사한 것으로 간주하는 것을 정당화해 준다.

비판 2. 반박 불가능하다

이 이론에 대한 또 다른 반대는 이것은 반박될 수 없다는 것이다. 의미있는 형식 이론이 입각하고 있는 한 가지 가정은 모든 진정한 감상자가 진정한 예술작품을 평가할 때 느끼는 오직 하나의 정서가 있다고 하는 가정이다. 그러나 이것을 입증하기란 불가능하지는 않다 할지라도 극히 어렵다.

만일 어떤 사람이 예술작품을 면밀히 감상했는데도 이런 미적 정서를 경험하지 못했다면, 벨은 그 사람에게 잘못이 있다고 말할 것이다. 그가 작품을 충분히 살펴보지 않았거나 아니면 예술 감각이 없거나 둘 중의 하나라고 말할 것이다. 그러나 이것은 그 이론이 입증하기로 되어 있는 것, 즉 정말로 어떤 미적 정서가 있으며 이것은 진정한 예술작품에 의해 유발된다고 하는 것을 전제한다. 그렇다면 이 이론은 반박 불가능해 보인다. 그리고 많은 철학자들은 만일 어떤 이론이(가능한 모든 관찰이 그것을 확증해 주기 때문에) 논리적으로 반박 불가능하다면 그것은 의미없는 이론이라고 믿는다.

마찬가지로 우리와 같은 문외한은 예술작품이라 여기지만 감각있는 비평가에게는 아무런 미적 정서를 유발하지 못할 경우, 의미있는 형식론자는 그 작품은 진정한 예술이 아니라고 주장할 것이다. 이때에도 역시 그가 틀렸다는 것을 입증할 수 있는 관찰은 불가능하다.

예술 관념론

예술 관념론은 콜링우드(R. G. Collingwood, 1889~1943)가 자신의 『예술의 원리들』이라는 책에서 가장 설득력 있는 형태로 제시한 이론으로, 실제의 예술작품은 비물질적이라고 주장하는 점에서 다른 이론과 구별된다. 예술작품은 예술가의 마음에 있는 관념 또는 감정이라는 것이다. 이 관념은 물질적인 상상적 표현물로 구현되며 특정한 예술 매체와 작가가 어울려 변형되지만, 예술작품 그 자체는 그 예술가의 마음속에 남아 있다. 어떤 형태의 관념론은 표현된 감정이 진지한 것이어야 한다는 점을 크게 강조한다. 이것이 그 이론에 강력한 평가적 요소를 부여하게 된다.

관념론은 예술을 기술(craft)과 구별한다. 예술작품은 특정한 목적에 기여하지 않는다. 이것들은 예술가가 유화 그림물감이나 언어와 같은 특정 매체를 사용함으로써 창조된다. 그러나 기술 생산품은 이와 달리 특정한 목적을 위해 만들어지며, 기술자는 일정한 계획을 가지고 시작한다. 대상을 만드는 과정에서 이것을 디자인한다기보다는 말이다. 예를 들어, 피카소의 그림은 어떠한 특정 목적에도 기여하지 않으며, 아마도 사전에 면밀히 계획된 것이 아닐 것이다. 반면에 탁자는 매우 명백한 기능을 하며, 기존의 도면 또는 청사진에 따라 만들어진다. 따라서 피카소의 그림은 예술품이며, 탁자는 기술품이다. 이것은 예술작품들이 기술에 속하는 요소들을 포함할 수 없다는 말은 아니다. 많은 훌륭한 예술작품들이 기술적 요소들을 가지고 있음은 명백하다. 콜링우드는 예술과 기술이라는 두 개의 범주가 상호 배타적이 아니라고 분명하게 말한다. 다만 그 어떤 예술작품도 오로지 특정 목적의 수단일 수만은 없다는 것이다.

관념론은 진짜 예술작품을 단순한 오락 '예술'(entertainment art : 사람들의 여흥을 돋우거나 또는 특정 감정을 유발시키려는 목적으로 만들어지는 '예술')에 대비시킨다. 진짜 예술은 목적을 가지지 않는다. 예술 자체가 바로 목적인 것이다. 오락 '예술'은 기술에 속하며 따라서 본연의 예술보다 열등하다. 마찬가지로 순수 종교적 '예술'은 이것이 특정한 목적에 따라 만들어지므로 기술로 간주된다.

비판 1. 예술작품을 관념으로 환원하는 것은 이상하다

관념론에 대한 주요 반대는 예술작품을 물질적 대상이 아닌 마음 안의 관념이라고 간주하는 것의 이상함이다. 관념론이 의미하는 바는, 우리가 전람회에 가서 보는 것은 예술가의 실제 창작의 흔적들이라는 것이다. 이런 견해는 수용하기 어렵다. 비록 우리가 예술작품이라고 부를 수 있는 물질 대상이 존재하지 않는 문학이나 음악작품의 경우에는 다소 그럴 듯하지만 말이다.

비판 2. 범위가 너무 협소하다

이 이론에 대한 두번째 반대는 너무 협소한 이론이라는 것이다. 이 이론은 이미 받아들여지는 많은 예술작품들을 예술이 아닌 기술품으로 분류하게 만든다. 많은 위대한 초상화들은 특정 인물들의 형상을 기록하기 위해 그려졌다. 많은 위대한 연극은 여흥을 위해 만들어졌다. 이것들은 특정 목적을 염두에 두고 만들어졌기 때문에 예술작품이 될 수 없다는 말인가? 전통적으로 예술에 속하는 건축물의 경우는 또 어떠한가? 대부분의 건물은 특정 목적을 두고 지어졌으므로 이 이론에 따르면 예술작품으로 간주될 수 없게 된다.

예술 제도론

예술 제도론은 디키(Goerge Dickie)와 같은 현대철학자들이 어떻게 연극 『맥베스』와 베토벤의 제5번 교향곡, 벽돌 더미와 '샘'이라는 제목이 붙은 남자 소변기, T. S. 엘리엇의 시 「황무지」와 스위프트의 『걸리버 여행기』 그리고 클라인(William Klein)의 사진이 모두 다같이 예술작품이 될 수 있는지를 설명하려는 최근의 시도이다. 이 이론은 이 모든 것들이 공유하는 두 가지가 있다고 말한다.

먼저 이것들은 모두 인공물(artifacts)이다. 즉 이것들은 모두 어느 정도 사람의 손길이 가해진 것들이다. 여기서 '인공물'이란 말은 매우 느슨한 의미로 쓰인다. 심지어 해변가에서 주운 떠밀려온 나뭇조각도 누군가가 이것을 전시회에 전시한다면 인공물로 간주된다. 사람들이 그 나뭇조각을 특정한 방식으로 바라보도록 하기 위해 전시장에 전시하는 것도 그것에 '사람의 손 길을 가하는' 것이기 때문이다. 사실 인공물에 대한 이러한 정 의는 너무 느슨해서 예술이라는 개념에 어떤 중요한 의미도 더 해 주지 못한다.

이보다 더 중요한 두번째 특징은 앞에 말한 작품들은 모두 전 시관 소유자, 출판인, 연출자, 지휘자와 같은 예술계의 구성원 들에 의해 예술작품의 지위를 부여받았다는 사실이다. 모든 경 우에 온당한 권위를 가진 어떤 사람이 그것들에게 예술작품으로 서의 세례를 행한 것이다.

이런 견해는 마치 예술작품이란 단지 어떤 사람들이 예술작 품이라고 부르는 것들을 의미하는 듯이, 즉 명백한 순환적 주장 인 듯이 보인다. 사실 이런 지적은 그리 틀리지 않다. 그러나 예술계의 구성원들은 어떤 것에 예술작품이라는 명칭을 부여하 는 어떤 종류의 행사를 실제로 가질 필요는 없다. 그것을 예술 작품이라고 실제로 불러야 할 필요도 없다. 그들이 그저 그 작 품을 예술로 취급해 주면 그것으로 충분하다. 그렇다면 제도론 자들은 우리 사회의 어떤 개인이나 집단이 '세례'라고 하는 단 순한 행위에 의해서 그 어떤 인공물이든 예술작품으로 바꿀 능 력을 가진다고 말하는 것이 된다. 그 세례란 어떤 것을 '예술' 이라고 부르는 형태를 취할 수도 있겠지만 이보다는 주로 출판, 전시, 공연의 형태를 띤다. 예술가들 자신도 이런 예술계의 구 성원일 수 있다. 이런 엘리트집단의 모든 구성원은 손에 닿는 모든 것을 금으로 변하게 하는 미다스 왕의 능력과 같은 것을 가진 셈이다.

비판 1. 좋은 예술과 나쁜 예술을 구별하지 않는다

제도론은 하찮고 겉만 번지르르한 것들을 예술작품으로 간주하는 것을 정당화하는 것처럼 보이기에 빈약한 예술 이론이라는 비판을 종종 받는다. 만일 내가 예술계의 일원이라면 나는 내 왼쪽 신발을 전시회에 전시함으로써 이것을 예술작품으로 만들 수도 있을 것이다.

제도론이 거의 모든 것이 예술작품이 되는 것을 허용하고 있음은 분명 사실이다. 어떤 것에다 예술작품의 세례를 준다는 것이 그것이 좋은 작품임을 또는 나쁜 작품이 아님을 의미하지는 않는다. 그것은 그저 그 대상을 분류적 의미에서 예술작품으로 만들 뿐이다. 즉 그것은 그 대상을 우리가 예술작품이라 부르는 것들의 집합에 포함시킬 뿐이다. 이런 입장과 달리 우리는 보통 '예술'이라는 말을 단지 어떤 것을 분류하기 위해서가 아니라 그것이 어떤 훌륭한 종류의 것임을 표시하기 위해 사용한다. 때때로 우리는 예술이라는 말을 문자 그대로 예술작품이 아닌 것들에 대해 은유적으로 사용하기도 한다. 예를 들어 우리가 '저 오믈렛은 예술이야'라고 말하는 경우처럼 말이다. 어떤 식으로든 제도론은 '예술'이란 말의 평가적 사용에 대해 우리에게 말해 주는 바가 아무 것도 없다. 그것은 모든 예술품 — 그것이 훌륭하든, 저급하든, 아니면 아무런 감정도 주지 않든 — 이 공통으로 가지는 것에 관한 이론이다. 그것은 그저 '예술'의 분류적 의미에 관한 것일 뿐이다.

그러나 '예술이란 무엇인가?'라고 묻는 대부분의 사람들은 우리가 무엇을 예술이라 부르느냐에만 흥미있는 것이 아니라, 왜 우리는 다른 대상들에 비해 몇몇 대상들의 가치를 더 인정하느냐에 대해서도 알고 싶어한다. 의미있는 형식 이론과 관념론 모두는 부분적으로 평가적이었다. 즉 이것들에 따르면, 어떤 것을 예술작품이라고 부르는 것은 그것이 특정 의미에서(그것이 유의미한 형식을 가지기 때문에 또는 어떤 감정에 대한 진지한 예술적 표현이기 때문에) 훌륭하다(good)고 말하는 것이다. 그러나 제도론은 예술에 관한 평가적 물음에 답하고자 시도하지 않는다. 이 이론은 무엇이 예술로 간주될 수 있느냐에 대해서 크게 열려 있다. 어떤 사람들은 이것을 그 이론의 가장 큰 강점이라고 본다. 그러나 다른 이들은 이것을 가장 심각한 결함이라고 본다.

비판 2. 순환논증이다

제도론은 순환적이다. 이것이 말하는 바는 어떤 특권적 그룹이 선정한 것은 무엇이든 예술이라는 것이다. 이런 주장은 말장난처럼 들린다. 특히 특정 사회 계층에 속한 사람들만이 저 미다스의 능력을 부여받는다면 골치 아픈 정치적 논란을 일으킬 수도 있다.

이에 대해 제도론의 옹호자는 예술작품이 인공물이어야 한다는 요건을 둠으로써 그리고 어떤 대상에 예술작품의 지위를 부여할 수 있는 사람들에 대한 자격을 제한함으로써 이 이론은 충분히 만족스러운 이론이 될 수 있다고 주장한다. 이것이 사실이라면 우리는 정확히 누가 예술계에 속하는 사람이냐에 대한 더욱 상세한 설명이 필요하다. 그러나 설령 우리가 누가 이런 미다스의 손길을 소유하는지를 안다 해도 그리고 왜 그들이 그런 자격을 가지는지를 안다 해도, 우리는 여전히 왜 그들이 다른 것들이 아닌 바로 그것을 예술작품으로 선택하는지를 알고 싶어 할 것이다. 이것이 세번째 비판에 연결된다.

비판 3. 예술계가 사용하는 기준은 무엇인가

아마도 제도론에 대한 가장 효과적인 반대는 현대철학자이며 미술이론가인 월하임(Richard Wollheim, 1923~)이 제시한 것일 것이다. 설령 우리가 예술계의 구성원이 한 인공물을 예술작품으로 지정할 권한을 가진다는 것을 인정한다 하더라도, 이들은 어떤 인공물은 그렇게 하고 다른 것은 그렇게 하지 않는 이유를 가져야만 할 것이다. 만일 그들이 자신들이 하고 있는 일의 바탕에 아무런 논리를 가지고 있지 않다면, 예술이라는 범주가 우리의 관심을 끌 이유가 없지 않은가? 만일 그들이 이유를 가지고 있다면, 이것들이 예술과 예술 아닌 것을 결정할 것이다. 이런 이유의 분석이 공허한 제도론보다 훨씬 흥미롭고 많은 정보를 제공해 줄 것이다. 만일 우리가 이 이유를 찾을 수 있다면 제도론은 불필요하게 될 것이다.

그러나 적어도 제도론이 우리에게 상기시키는 것은 어떤 것을 예술작품이 되게 하는 것은 문화적 문제라는 것이다. 즉 어

떤 무시간적 원리에 달려 있다기보다는 특정 시대의 사회 제도
들에 달려 있다는 것이다.

예술비평

예술에 관한 철학적 논의에 속하는 또 하나의 중요한 분야는 예술에 관한 다양한 평론의 방법과 정당성에 초점을 맞추고 있다. 이 분야의 중심 논의 가운데 하나는 어느 정도까지 한 예술가의 공적으로 표현된 의도가 예술작품에 관한 비평적 해석에 관련되는가에 관한 것이다.

반의도론

반의도론자들의 주장은 우리는 예술작품 자체에 구현된 의도들에만 주목해야 한다는 것이다. 예술가들의 일기, 인터뷰, 예술적 선언문 등등에서 수집된 것들은 진정한 비평적 해석 행위에 직접 관련되지 않는다는 것이다. 오히려 이런 정보는 예술가의 심리 연구에 더 관련된다. 심리학은 그 자체로 흥미로운 주제이며, 이것은 우리에게 예술작품의 기원에 관한 많은 것을 알려줄 수 있다. 그러나 한 작품의 기원이 그것의 의미와 혼동되어서는 안 된다.

비평은 작품 내적인(즉 작품 안에 들어 있는) 증거만을 다루어야 한다. 예술가가 마음에 가지고 있는 것에 관한 개인적 진술은 작품 외적이며 진정한 비평과 무관하다. 1940년대의 비평가 윌리엄 윔샛(William Wimsatt)과 먼로 비어즐리(Monroe Beardsley) 같은 반의도론자들은 외적 증거에 의존하는 잘못을 의도론적 오류(the Intentional Fallacy)라고 불렀다.

이러한 반의도론의 견해는 문학 텍스트의 정밀 독해와 다른 예술작품들의 정밀 분석을 옹호하는 데 사용된다. 이 견해는 예술작품은 어떤 의미에서 공적(public)이며, 일단 예술가들이 작품을 창작하면 이들은 다른 사람들과 마찬가지로 더 이상 작품들의 해석에 대해 통제권을 행사할 수 없다는 생각에 기초하고 있다.

최근에 저자의 죽음을 선포한 롤랑 바르트(Roland Barthes, 1915~1980)와 같은 사람들이 이와 비슷한 주장을 은유적인 방식으로 제기하였다. 이들이 의미하는 바는 일단 문학 텍스트가 출판되면, 이것을 해석하는 것은 독자이며 저자는 이 점에 관하여 더 이상 특권적인 지위를 가지지 못한다는 것이다. 이 견해의 결론은 텍스트는 이것을 생산한 저자보다 더 중요하며 비평가의 역할이 격상된다는 것이다. 텍스트의 의미는 저자의 의도보다는 독자의 해석에 의해 창조된다. 반의도론의 견해는 한 작품의 어떠한 측면이 그것에 대한 비평가들의 평가와 관련되는지에 관한 주장이다.

비판 1. 의도는 행위와 구분되지 않는다

반의도론자들의 입장에 대한 비판 가운데 하나는 그것이 무엇이 의도인지에 대한 그릇된 견해에 의존하고 있다는 것이다. 반의도론은 언제나 의도를 마치 우리가 어떤 일을 하기 바로 전에 일어나는 정신적 사건인 것처럼 다룬다. 반면에 많은 철학자들은 의도란 전형적으로 우리가 어떤 일을 하는 방식 안에 포함되어 있다고 믿는다. 즉 의도는 행위 자체와 쉽게 구분되지 않는다는 것이다. 그러므로 내가 의도적으로 불을 켤 때 나는 스위치에 도달하기 직전에 어떤 정신적 사건을 가질 필요는 없다. 이것은 내가 스위치에 도달하는 순간 동시에 발생할 수도 있으며, 스위치에 도달하는 행위 자체가 의도를 구현하고 있는 것이다.

그러나 이것은 반의도론에 대한 정말로 만족스러운 반론은 아니다. 왜냐하면 반의도론자들이 반대하는 것은 그저 의도에 논거를 둔 비평이 아니라, 오히려 예술작품 외부의 어떤 것에 논거를 둔 비평이기 때문이다. 반의도론자들은 작품에 실제로 구현된 의도들을 비평의 적절한 대상으로 간주하는 것에 대해 만족해 한다.

비판 2. 아이러니를 설명하지 못한다

반의도론에 대한 더욱 효과적인 또 하나의 비판은 아이러니와 같은 어떤 종류의 예술적 장치는 작자의 의도에 대한 존중을 필요로 한다는 것이다. 많은 경우에 이것들은 텍스트 외적인 의도일 것이다.

아이러니는 어떤 것에 대해 '말' 하거나 '묘사' 하지만 실제로는 그 반대를 '의미' 한다. 예를 들어 한 친구가 '오늘은 정말 좋은 날이야' 라고 말한다면, 이것이 말 그대로를 의미하는지 아니면 아이러니인지 명백하지 않을 수 있다. 이것을 결정하는 한 가지 방법은 그 말이 말해진 맥락(content) ― 가령 비가 오고 있지는 않은가? ― 과 같은 것을 살펴보는 것이다. 또 다른 방법은 그것이 말해질 때의 어조에 주목하는 것이다. 그런데 만일 이런 종류의 증거들도 결정적이지 못하다면, 남아 있는 방법은 말한 사람에게 그것이 아이러니는 아니었는지 물어보는 것이리라. 다시 말해 진술 외적인 의도에 호소하는 것이다.

예술에서 아이러니를 사용하는 경우에 작품 외적인 증거가 그 의미를 결정하는 데 매우 유용할 수 있다. 그 작품에 대한 정보의 이러한 원천을 완전히 거부하는 것은 합당하지 않은 것 같다. 이에 대해 반의도론자는 아마도 이렇게 답할 것이다. 만일 아이러니가 작품의 정밀 분석을 통해서 쉽게 이해되지 않는다면, 이 아이러니는 비평의 적절한 대상이 되지 못한다고 말이다. 왜냐하면 비평이란 공적인 것을 다루기 때문이다. 예술가의 외적 의도에 의존하는 아이러니는 암호와 같이 너무 비밀스럽기에 흥미를 잃게 만든다.

비판 3. 너무 편협한 견해이다

반의도론에 대한 세번째 반대는 이것은 예술비평이란 무엇인가하는 문제에 대한 너무 편협한 견해라는 것이다. 좋은 예술비평은 문제가 되는 작품의 내적인 것이든 외적인 것이든 모든 이용가능한 증거들을 이용할 것이다. 비평을 지지하기 위해 어떤 종류의 증거들이 사용되어야 하는지에 대해 사전에 엄격한 규칙을 정해 놓는 것은 비평가들에게 너무 지나친 제약을 가하는 것이다.

퍼포먼스, 해석, 정격성(正格性)

    예술작품의 퍼포먼스(연주 또는 공연)는 예술비평을 행할 때 나타나는 것과 같은 철학적 어려움을 제기한다. 모든 퍼포먼스는 어떤 작품의 해석이다. 예술작품이 아주 오래 전에 만들어진 것일 경우에 생겨나는 고유한 어려움이 있다. 그 예로서 나는 몇 세기 전에 작곡된 음악을 연주하는 경우를 고찰할 것이다. 그러나 이와 유사한 논증이, 예를 들어 역사적으로 정확하게 고증된 셰익스피어 연극의 공연에 대해서도 사용될 수 있을 것이다.

퍼포먼스의 역사적 정격성

    근래에 와서 역사적으로 정격적인(historically authentic) 소리를(그 당시 들리던 그대로의 사운드를) 재생하려는 노력을 담은 콘

서트나 레코딩의 수가 크게 늘었다. 이것은 음악을 후대의 현대화된 악기가 아니라, 이것이 작곡된 시기에 사용되었던 것과 똑같은 악기로 연주하는 것을 의미한다. 예를 들어, 바흐의 브란덴부르크 협주곡을 역사적으로 정확하게 연주하려는 오케스트라는 현대식 악기를 피하고, 바흐 시대 특유의 음향과 한계를 가진 그 시대에 실제로 사용된 악기들로만 연주할 것이다. 지휘자는 바흐 시대에 해석되었던 전형적인 템포와 스타일을 발견하기 위해 가능한 많은 역사가들에게 자문을 구할 것이다. 이러한 연주의 목적은 바흐의 최초의 청중들이 들었던 것과 가능한 한 똑같은 음향을 재생하는 데 있을 것이다.

이런 연주는 음악사가들에게 분명 큰 흥미거리인 반면에, 이것은 한 예술작품의 서로 다른 연주의 지위에 관한 중대한 철학적 문제를 제기한다. 이런 연주를 묘사하는 데 '진짜(authentic)'라는 말을 사용하는 것은 어떤 면에서 현대적 악기들을 이용한 연주를 가짜라고 말하는 것과 같다. 즉 이것은 '정격(正格)' 연주에는 더 나은 중요한 어떤 것이 있다는 것을 함축한다. 여기서 제기되는 것이 음악 연주가 꼭 이런 식의 역사적 정격성(historical authenticity)을 목적으로 해야 하느냐의 문제이다. 그래야 한다는 견해에 대해 많은 반대가 있다.

비판 1. 시간 여행의 환상

정격 연주 운동에 대한 비판 가운데 하나는 역사적 정격 연주는 결코 성취될 수 없다는 것이다. 이런 연주는 작곡자가 들었던 그 소리를 듣기 위해 시간을 거슬러 올라가려는 소박한 시도이다. 그러나 '정격' 연주가 잊고 있는 것이 있다. 그것은 우리가 이전 시기의 악기를 성공적으로 재현할 수는 있지만, 그 시대 이래로 작곡되고 연주되어온 음악을 단순히 기억에서 지워버릴 수는 없다는 것이다. 다시 말해, 우리는 결코 역사적으로 정격인 귀로 그 음악을 들을 수는 없다. 오늘날 바흐를 들으면서 우리는 그 시대 이후로 음악이 크게 발전되었음을 느낀다. 우리는 현대의 기술로 연주된 현대 악기의 소리에 익숙해져 있다. 우리는 음조 없는〔無調〕 음악을 듣기도 하며, 하프시코드보다는 현대 피아노의 소리에 더 친숙하다. 결국 오늘날의 청중들에게 바흐의 음악은 최초의 청중들에게 주었던 것과는 전혀 다른 의미를 준다.

비판 2. 음악 해석의 가능성을 제한한다

역사적 정격 연주의 추구에 대한 또 하나의 비판은 그것이 음악 해석에 대한 지극히 단순한 견해를 포함하고 있다는 것이다. 그런 노력은 어떤 연주가 좋은 연주인지 나쁜 연주인지에 대한 판단을 적절한 다른 예술적 고찰이 아니라 오직 역사적인 것에 의존하게 만든다. 그러한 견해는 연주자의 창조적 악보 해석의 범위를 심각하게 제한한다. 그 견해는 새로운 세대의 연주자들에게 그 작곡가의 작품에 대한 신선하고 의욕적인 해석, 즉 음악사와 그 특정 작품의 해석사(解釋史) 양자를 고려하는 해석의 가능성을 허용하기보다는 음악 연주의 박물관을 창조할 뿐이다.

비판 3. 역사적 해석은 정신을 빠뜨릴 수 있다

역사적 정확성에 대한 지나친 관심은 음악 해석의 중요성을 간과하게 만든다. 역사에 주로 관심있는 연주가가 작곡가의 작품을 공정하게 다루지 못하는 것은 당연하다. 원래의 소리를 재생하는 것보다는 작곡가의 작품에 깃든 정신을 파악하고자 하는 것이 올바른 해석이라고 흔히들 이야기하기 때문이다. 이것은 또 다른 종류의 정격성이다. 즉 해석의 정격성이다. 여기서 '정격성'은 단순한 역사적 정확성보다는 '예술적 성실성'과 같은 어떤 것을 의미하기 위해 사용된다.

모방품과 예술적 가치

정격성에 관련된 또 다른 철학적 문제는 원판 그림이 이것의 완벽한 모방품보다 더 큰 예술적 가치를 가지느냐 하는 문제이다. 여기서 나는 그림의 모방품에 대해서만 고찰할 것이지만, 물질 대상의 형태를 갖춘 모든 유형, 예를 들어 조각, 판화, 사진 등의 예술품에 대해서도 모방품이 가능할 것이다. 소설, 시, 교향곡의 인쇄물은 모방품이라 여겨지지 않는다. 그러나 원래의 원고가 모방될 수도 있으며, 특정 작가나 작곡가의 스타일로 쓰여진 모방품도 진짜인 양 주장될 수 있다.

먼저 서로 다른 유형의 모방품들을 구별하는 것이 중요하다. 두 가지 기본 유형이 있는데 완전한 모방과 유명 예술가의 스타일을 모방한 그림이 그것이다. 모나리자의 정확한 복사본은 첫째 유형의 모방품이며, 실제로 대부분의 전문가들을 깜짝 속게 만들었던 버미어(Vermeer)의 스타일을 흉내낸 모방 작가 반 미거렌(Henricus Van Meegeren)의 그림들은 두번째 유형의 예이다─이 경우에 모방된 원본은 아예 없다. 오직 희곡, 소설 또는 시의 원본만이 첫번째 의미로 모방이 가능할 것이다. 그러나 두번째 유형의 모방은 가령 셰익스피어 원작 연극들의 경우 그 저자의 스타일을 교묘하게 모방하는 어떤 사람에 의해 가능할 것이다.

모방품은 그 나름대로 의미있는 예술 작품으로 간주될 수 있는가? 만일 모방 작가가 원작자의 작품인 것으로 전문가들을 확신하게 만드는 작품을 생산할 능력이 있다면, 분명히 이 모방 작가는 원작자만큼 실력이 있는 것이며 따라서 그 예술가와 동등하게 취급되어야 할 것이다. 이런 입장에 대한 지지론과 반대론이 있다.

원본과 모방품은 차이가 없다 : 가격, 허세, 골동품

아마도 사람들로 하여금 원본을 잘된 모방품보다 값을 더 치게 만드는 것은 오로지 예술계의 재정적 관심, 즉 한 그림이 얼마의 가치를 가지느냐에 사로잡힌 마음일 것이다. 만일 각 그림마다 오직 하나의 복사본만 있다면, 예술품 경매인은 각 그림을 단일본이라 하여 매우 비싼 값에 팔 수 있을 것이다. 이런 현상은 유명한 예술품 경매인의 이름을 따서 '소더비 효과(Sotheby's

Effect)'로 알려져 있다. 만일 한 그림에 여러 복사본이 있다면 각 복사본의 가격은 떨어질 것이고, 특히 원본이 다른 복사본들과는 상이한 지위를 가진다고 여겨지지 않는다면 이런 현상은 더할 것이다. 이는 그림을 인쇄물과 똑같은 지위에 놓는 결과가 될 것이다.

아니면 다른 복사본들보다 원본 그림을 강조하게 만드는 것은 단순히 예술계의 재정적 측면이라기보다는 예술품 수집가의 허세일지도 모르겠다. 수집가들은 유일본을 즐겨 소장한다. 이들에게 콘스터블(Constable)의 스케치 원본을 소장하는 것이 그 완벽한 사본을 가지는 것보다 더 중요할 터인데, 이는 단순히 예술적 가치보다는 허세 때문이다.

원작을 소유하고자 하는 또 다른 동기는 이것이 가지는 골동품으로서의 매력과 관계된다. 골동품은 그 역사성으로 인해 가히 매혹적이다. 진짜 십자가(True Cross : 예수가 못박혔던 그 십자가)의 일부는 다른 보통 나뭇조각들에 비한다면 그야말로 특별한 매력을 가질 것이다. 예수의 신체가 직접 닿았다고 믿어진다는 이유에서 말이다. 마찬가지로 반 고흐의 원본 그림은 이것이 그 위대한 미술가가 직접 손을 댔고, 관심을 기울였고, 자신의 예술적 노력을 기울인 대상이라는 점에서 가치가 클 것이다.

가격, 허세적 가치 및 골동품 가치는 예술적 가치와는 거의 관련이 없다. 첫번째 것은 희귀성, 수집가들의 취향 변동, 미술품 거래자들의 조작과 관련된다. 두번째 것은 사회경쟁심의 문제이다. 세번째 것은 우리가 대상을 대하는 방식에 관련된 심리학적인 것이다. 만일 이 세 가지 요인들이 잘된 모방품보다는 원본 예술작품을 선호하는 폭넓은 경향의 원인을 설명해 준다면, 아마도 잘된 모방품은 정작 예술적인 의미에서는 원본만큼이나 의미있다고 볼 수 있다. 그러나 이런 견해에 반대하는 몇몇 강한 논증들이 있다.

비판 1. 완벽한 모방품이란 없다

모방품보다 원본을 선호하는 한 가지 이유는 그 모방품이 진정으로 완벽하다고 믿을 수 없기 때문이다. 반 고흐 그림의 모방품이 현재의 전문가들을 속이기에 충분할 만큼 잘 만들어졌다는 사실이 이것이 미래의 전문가들도 속일 것이라는 것을 의미하지는 않는다. 만일 차후에라도 차이들이 드러날 수 있다고 한다면, 우리는 한 모방품이 완벽한 것이라고 결코 확신할 수 없을 것이다. 그러므로 우리가 완벽한 모방품이 있어서, 이것이 원본과 동등한 예술적 가치를 가진다고 믿는다 해도 우리는 결코 그 모방품이 정말로 정확한 모방이라는 것을 확신할 수 없을 것이다.

이런 견해에 반대하여 미래에 발생할지도 모르는 모방품과 원본 사이의 그런 종류의 차이는 대개는 매우 미미할 것이라는 지적이 가능할 것이다. 그러한 차이가 그 그림의 예술적 가치에 관한 우리의 견해를 본질적으로 바꿀 정도가 되리라고는 생각하기 어렵다.

비판 2. 중요한 것은 예술가가 성취한 독창성이다

예를 들어 어떤 사람이 세잔의 것과 구분될 수 없는 어떤 그림을 제작하는 데 성공했다 하더라도 이것은 세잔 자신이 성취한 것과는 전혀 다른 것이다. 우리가 세잔의 성취물에 대해 부여하는 가치는 그저 고립된 아름다운 그림 한 편이 아니라, 오히려 그가 독창적인 스타일을 창안하고 일련의 그림들 전체를 창작하는 방식에 있다.

그의 독창성은 그가 성취한 것의 일부를 이루며, 동시에 그가 일생을 통해 그린 서로 다른 그림들이 그가 창조한 저마다의 개별적 이미지에 대한 우리의 이해에 기여하는 방식도 그가 성취한 것이다. 오직 우리가 저마다의 그림을 그의 창작물 전체의 맥락 안에 놓을 경우에만 우리는 그의 예술적 성취를 온전히 평가할 수 있는 것이다.

한 모방 작가가 세잔이 가진 화가로서의 기계적 기술을 가질 수 있을지는 모르지만, 세잔의 성취는 기능인으로서의 그의 기술에 국한되어서는 안 된다. 그 모방 작가는 자신의 모방술만으로는 위대한 화가가 되기를 바랄 수 없다. 그 모방 작가는 세잔과 같은 식으로 독창적일 수는 없기 때문이다.

실제 그림의 구체적 모방이 아닌 세잔과 똑같은 스타일로 작품을 만드는(두번째 유형의 모방) 모방 작가의 경우에, 모방작의 예술적 가치를 세잔 그림의 그것과 비교할 더 큰 근거를 가질지 모른다. 그러나 이런 경우에조차도 모방 작가는 한 스타일을 창조한다기보다는 그것을 베끼는 것이 될 것이며, 우리는 모방자의 기술보다는 독창적 예술가의 창의성을 더 가치있게 보는 경향이 있다. 창의성은 예술가적 가치의 중요한 한 측면인 것이다.

이것은 무엇을 보여주는가? 우리는 분명 모방 작가를 그가 단지 기막힌 모방품을 제작해낼 수 있다고 해서 독창적 예술인과 동등하게 여겨서는 안 된다는 것이다. 이것은 이렇다 해도 원작 그림에 대한 사본의 경우에 우리는 여전히 그 사본을 살펴봄으로써 세잔의 예술적 가치를 평가할 수 있다. 따라서 이것은 모방품의 예술적 가치에 반대하는 논증이 아니라, 모방자의 예술가적 가치에 반대하는 논증인 것이다. 사본은 세잔의 천재성에 대한 증거를 보여주는 것이지, 모방자의 천재성에 대한 증거를 보여주는 것이 아니다.

비판 3. 비도덕적이다

모방작에서 정말로 잘못된 것은 그것은 그 성격상 그 출처에 대해서 감상자를 속이려는 시도를 포함한다는 사실이다. 모방작은 속이려는 의도 없이는 모방작일 수 없을 것이다. 즉 그런 것은 그저 사본 또는 다른 예술가의 스타일로 그림 그리는 실험작일 것이며, 이는 패스티쉬(pastiche)라는 말로 알려져 있다. 모방작이 원작보다 못한 것은 여기에 포함된 — 거짓말을 하는 것과 똑같은 — 속임수 때문이다. 그러나 몇몇 도덕적 문제와 예술적 문제를 분리시킬 그럴 만한 이유가 있기도 하다. 뛰어난 모방 작품이 속임수를 포함하기는 할지라도 여전히 예술작품으로서 인상적일 수 있기 때문이다.

결론

이 장에서 나는 예술이 무엇인지에 대한 정의의 물음에서 모방작의 미학적 지위에 관한 물음에 이르는 예술과 예술비평에 대한 다양한 철학적 물음을 고찰해 보았다. 예술가들, 비평가들 및 관람자들 사이의 예술에 관한 많은 이야기는 혼동되어 있고 비논리적이다. 이 분야에서 철학적 엄격성을 적용하고 논증의 명료성을 고집하는 것은 문제를 다소 향상시키는 정도에 그친다.

철학의 모든 영역에서 그렇듯이 명료한 논증이 반드시 난제들에 대한 확답들을 제공해 준다는 보장은 없다. 그러나 그런 답이 떠오를 기회의 빈도를 높여준다는 것만큼은 분명하다.

더 읽을 책들

셰파드의 『미학 : 예술 철학 입문』(Anne Sheppard, *Aesthetics : An Introduction to the Philosophy of Art*, Oxford : Oxford University Press, 1987)은 이 분야에 대한 유용한 일반 입문서이다. 핸플링이 편집한 『철학적 미학 : 입문』(Oswald Hanfling, ed., *Philosophical Aesthetics : An Introduction*, Oxford : Blackwell, 1992)은 이 장에서 논의된 많은 주제들을 더 심도있게 다루고 있다.

네일과 리들리가 편집한 『예술에 관해 논증하기』(Alex Neil and Aaron Ridley, eds., *Arguing About Art*, New York : McGraw-Hill, 1995)는 예술철학의 현대적 문제들에 관한 훌륭한 논문집이다.

이글턴의 『문학론 : 입문』(Terry Eagleton, *Literary Theory : An Introduction*, Oxford : Blackwell, 1983)은 문학 철학의 몇몇 발전에 대한 흥미로운 개관을 제공해 준다. 비록 그가 앵글로-아메리칸 전통의 이론보다는 대륙의 그것에 강조를 두고 있지만 말이다. 최근의 문학이론에 대한 뛰어나고 흥미로운 공격에 대해서는 레만의 『시대의 기호들』(David Lehman, *Signs of the Times*, London : Andre' Deutsch, 1991)을 읽어볼 만하다.

초기 음악의 진품에 관한 문제에 대해서는 케넌의 『진품과 초기 음악』(Nicholas Kenyon's, ed. *Authenticity and Early Music*, Oxford : Oxford University Press, 1988)이 아주 좋다. 듀튼의 『모방 작가의 예술』(Denis Dutton, *The Forger's Art*, Berkeley, Cal. : University of California Press, 1983)은 모방 작품들의 위상을 다룬 매력적인 논문집이다. 같은 제목의 텔레비전 시리즈물에 기초한 버거의 『보는 방식』(John Berger, *Ways of Seeing*, London : Penguin, 1972)은 그림들의 사용에 관한 논쟁집이다. 썩 읽을 만하다.

찾아보기

ㅅ